아름다움을 다루는 직업 Ⅱ

배우 · 모델

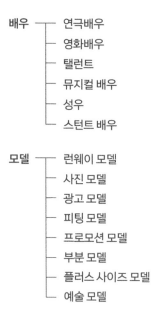

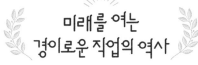

미래를 여는
경이로운 직업의 역사

아름다움을
다루는
직업Ⅱ

배우 · 모델

박민규 지음

내가 정말로 원하는 직업은 무엇일까?

'선생님'이 되어 아이들을 가르치고 싶은 사람도 있고, '의사'가 되어 아픈 사람을 치료해 주고 싶은 사람도 있고, '경찰관'이 되어 범죄를 저지른 사람을 잡고 사람들을 돕고 싶은 사람도 있을 것입니다. 선생님, 의사, 경찰관이 '된다'는 것은 바로 선생님, 의사, 경찰관이라는 '직업을 가진다'는 의미입니다.

우리는 저마다 자신의 희망, 적성, 능력에 따라 직업을 가집니다. 직업이란 사람이 경제적 보상을 받으면서 자발적으로 하는 지속적인 활동입니다. 직업을 가지게 되면 기본적인 경제생활을 할 수 있는 소득을 얻고, 사회 발전에 이바지할 수도 있고, 무엇보다도 자기가 가지고 있는 꿈을 실현할 수 있습니다. 그래서 한 사람이 살아가기 위해서는 '직업'을 가지는 것이 매우 중요합니다.

직업을 가지려면 먼저 그 직업이 하는 일은 무엇이며, 그 일을 잘하기 위해서는 어떤 능력이 필요하고, 사회에서 하는 역할이 무엇인지

아는 것이 중요합니다. 그래야 자신의 꿈을 이룰 수 있는 직업을 선택하고, 그 직업에 필요한 능력을 미리 갖출 수 있기 때문입니다.

2021년 기준 한국에는 약 1만 7천여 개의 직업이 있고, 해마다 새로운 직업이 생겨나고 있습니다. 수많은 직업 중에서도 특히 많은 사람이 관심을 갖는 직업들이 있습니다. 우리는 이 직업들이 처음에 어떻게 생겨났고, 시대의 변화에 따라 바뀐 점과 바뀌지 않은 점이 무엇인지 살펴볼 것입니다. 달라진 점을 살펴보면 그 직업이 앞으로 어떻게 변해 갈지를 예측해 볼 수 있습니다. 또한, 달라지지 않은 점을 바탕으로 그 직업의 진정한 의미와 가치를 찾아낼 수 있을 것입니다.

이 책이 여러분에게 '내가 정말로 원하는 직업이 무엇인지' 생각해 보고, 미래를 준비하는 데 도움이 되기를 바랍니다.

대중 앞에서 아름다움을 표현하는 직업

　'연극'은 사람들 앞에서 어떤 이야기를 꾸며 보이는 것입니다. 다른 인물인 것처럼 말이나 행동을 꾸미는 일이 '연기'입니다. 연기를 직업으로 하는 사람을 '배우', 혹은 '연기자'라 부릅니다. 오랜 옛날 사람들은 하늘에 제사 지내 풍요와 안전을 기원했습니다. 동물 모양 가면을 쓰고 춤추며 노래했습니다. 이들이 첫 번째 배우였습니다. 사람들은 옷을 입으면 어떻게 보일지 알아보려고 인형을 사용했습니다. 19세기 중반부터 사람에게 옷을 입혀 옷 모양을 알아보았습니다. '모델' 직업이 그렇게 탄생했습니다.

　이 책은 연기하는 '배우', 옷이나 장신구, 다른 상품을 광고하는 '모델'이 언제, 어떻게 탄생해서 오늘에 이르렀는지 살펴봅니다. 다음으로 현재 상황은 어떤지, 그리고 미래에는 어떻게 달라질지를 예측합니다. 부록에서는 어떻게 하면 그 직업을 구할 수 있는지 소개합니다.

　직업마다 시간이 흐르면서 겉으로 드러나는 모양이 어떻게 달라지는지, 하는 일의 본래 의미가 무엇인지, 변한 것은 무엇이고 변하지 않는 것은 무엇인지, 인류 발전에 어떻게 이바지했는지를 이해한다면, 직업을 지금까지와는 다른 시각에서 볼 수 있을 것입니다. 또한 현재와 미래를 살펴 그 직업에 필요한 자질이 무엇인지, 어떤 준비를 해야 하는지, 앞으로 어떤 발전 가능성이 있는지도 알 수 있습니다.

무엇보다도 책을 읽는 청소년들이 직업의 본래 의미를 이해해서 앞으로 어떤 직업을 선택하든지 자기가 하는 일에 보람을 느끼고 즐겁게 살아가기를 기대합니다.

1부

다른 인물이 되어
이야기를 전하는 배우

연극과 배우의
탄생과 변화

다른 대상이나 인물을 따라서 말하고 행동하는 '연기'는 아주 오래 전부터 시작되었다. 다산과 풍요를 기원하는 제사에서 가면을 쓰고 동물이나 다른 인물을 연기하는 '배우'가 등장했다. 그렇게 시작된 배우는 다양한 놀이와 공연을 거치며 하나의 직업으로 자리잡기 시작했다. 특히 고대 그리스에서 연극과 배우는 황금기를 누리며 서양 연극의 체계를 잡았다.

선사 시대부터 존재했던
연기하는 사람

동굴 벽화에 등장하는 춤과 연기

다른 사람이나 대상이 가진 특징, 행동, 성격 등을 표현하는 일이 '연기'다. 인류는 언제부터, 무슨 이유로 연기를 시작하게 되었을까? 인류는 오래전부터 풍요로운 수확과 더 많은 사냥감을 기원하며 하늘에 제사를 지냈다. 제사를 지낼 때 춤과 연기가 빠질 수 없었다. 구석기 시대 유물에는 춤추거나 연기하는 사람을 그린 그림이 남아 있다. 1908년 스페인 '로카 델 모로' 동굴 벽에서 선사 시대 그림을 발견했다. 그림 중에는 여성 아홉 명이 남성 한 명을 둘러싸고 춤추는 모습이 있다. 프랑스 '레 트루아 프레르' 동굴 그림에는 동물 탈을 쓴 사람이 등장한다. 제사를 주관하는 '주술사'로 짐작한다.

로카 델 모로 동굴 그림 '춤추는 사람'(왼쪽)과 레 트루아 프레르 동굴 그림 '주술사'(오른쪽), 동굴 벽화를 베껴 다시 그렸다.

제례와 연기

연기를 전문적으로 하는 사람, '연기자'는 수천 년 전에 탄생했으리라 추정한다. 고대 이집트와 메소포타미아 지역 여러 왕국에서는 형식을 잘 갖춘 화려한 종교 행사가 열렸다. 행사에는 춤을 추고 연기하는 사람들이 등장했다는 기록이 있다. 이들의 역량이 뛰어났다고 하지만 직업 배우였는지는 확실하지 않다.

기원전 2400년 이집트인은 피라미드 벽에 장례식과 관련된 기록을 새겼다. 이 내용 중에는 '연기를 할 수 있는' 대본도 있었다. 이집트 도시 아비도스에서는 기원전 2500년부터 축제를 열었다. 이 축제에서 진행하는 의식을 '아비도스 수난극'이라 불렀다. 이 의식에는 장례식, 전투, 행진 장면이 있었는데 연극과 비슷했다. 어떤 학자들은 고대 이집트에는 아비도스 수난극 같은 의식이 아주 많았다고 주장한다. 이 아비도스 수난극은 이집트의 신 '오시리스' 이야기다. 오시리스는 이집트 초기 왕이었다. 동생 세트는 형을 미워했다. 어느 날 세트는 오시리스를 죽여 시체를 갈기갈기 찢어 버렸다. 오시리스의 아내인 '이시스'는 시체 조각을 모아 아비도스에 묻어 다시 살아나게 했다. 오시리스의 아들 '호루스'는 아버지를 살해한 세트를 쫓아내고 왕이 되었다. 오시리스는 죽은 자를 다스리는 신이 되었다. 아비도스 수난극은 오시리스의 장례식, 부활, 세트를 물리치는 호루스 등을 재현했다.

오시리스 가족 동상 사진, 가운데가 오시리스, 왼쪽이 아들 호루스, 오른쪽이 아내 이시스(루브르 박물관)

들은 이집트에 고도로 훈련된 배우와 무용가도 있었다고 생각한다.

선사 시대 중국 공연

중국에서도 원시 시대 춤추고 노래하는 예식에서 배우라는 직업이 생겨났다. 오래된 중국 역사책 『서경』에는 전설로 전하는 '요' 임금과 '순' 임금 시대 이야기가 있다. 서경 「우서」 '순전'에 "돌을 치고 두드리니 온갖 짐승이 같이 춤을 추더라."라는 구절이 있다. 이는 하늘에 제사 지낼 때 음악 연주에 맞춰 동물로 분장한 사람이 춤을 췄던 모습이라 짐작한다. 중국의 고전 시가를 담은 책 『초사』에는 중국 남쪽 지역에서 유행하던 노랫가락이 남아 있다. 여기에 신을 불러내어 제사를 지내는 내용의 마치 주문과 같은 노래가 있다. 아마 전문 공연자가 화려한 옷을 입고 화장한 다음 춤추고 노래했을 것이다.

상나라를 무너뜨리고 주周나라를 세운 무왕은 춤과 음악을 통해 백성에게 윤리와 도덕을 가르쳤다. 무왕이 상나라 주왕을 격파하는 모습을 '대무'라는 춤으로 표현했다. 창과 방패를 들고 발을 구르며 상대를 찌르는 모습을 공연했다. 춤, 노래, 동작, 무대 도구, 의상 등을 모두 갖춘 공연 예술이었다.

우리나라 선사 시대 연극

우리 민족 첫 국가인 고조선을 세우는 이야기가 '단군 신화'이다.

환인의 아들 환웅이 인간 세상을 구하고자 태백산 신단수 아래 '신시'를 세웠다. 환웅은 곰이 변해 여자가 된 웅녀를 아내로 맞아 '단군왕검'을 낳았다. 단군왕검은 아사달을 수도로 삼아 '조선'을 건국해 1천 5백여 년간 다스렸다. 단군왕검이 세운 조선을 '고조선'이라 한다. 고조선에서는

울주 대곡리 반구대 세부 모습(문화재청)

풍년을 기원하는 제사를 지냈다. 흉년이나 가뭄을 물리쳐 달라고 하늘에 기원했다. 제사를 지낼 때는 백성이 함께 춤추고 노래하고 술 마시며 놀았다.

울주 대곡리 반구대에는 바위에 신석기 시대 말~청동기 시대 그림이 있다. 여러 동물과 사냥하는 사람 모습이 새겨져 있다. 악기를 부는 사람, 춤추는 사람, 탈을 쓴 무당 등이 등장한다. 훗날 번성한 다양한 놀이와 공연, 연극 흔적을 찾을 수 있다.

고대 그리스의 연극

발전하는 도시

기원전 8세기경 그리스 지역에는 '폴리스'라고 불리는 도시 국가가 등장했다. 초기 폴리스는 규모가 크지 않았다. 한 도시에 사는 시민은 적게는 수백 명, 많아야 수천 명이었다. 아테네, 스파르타, 코린토스, 테베, 마케도니아 등이 대표적인 폴리스였다. 지중해 지역은 땅이 거칠어 농사짓기 어려웠다. 그리스인들은 주로 무역으로 돈을 벌었다. 교역과 수공업의 발전으로 폴리스는 점점 부유해졌다. 노예들이 생산 활동과 집안일을 해서 자유로운 시민들은 문화, 예술 활동에 전념할 수 있었다.

제일 풍요로운 폴리스는 아테네였다. 기원전 5세기경 아테네 인구는 30만 명에 달했다. 아테네를 중심으로 정치, 철학, 문학, 예술이 꽃을 피웠다. 국가 권력을 통치자 개인이 아니라 시민이 공동으로 소유했다. 시민이 직접 정치에 참여하는 '민주주의' 제도도 생겨났다.

연극이 등장하다

그리스인들은 장례, 승전 축하, 축제, 신을 찬양하는 예식 등 많은 행사를 치렀다. 술과 축제, 다산과 풍요를 상징하는 디오니소스 신을 숭배하는 축제에서는 노래와 춤, 연극 경연 대회가 열렸다. 기원전 534년 디오니소스 축제 연극 경연 대회에 관한 기록이 처음 등장한다. 대회 우승자는 '테스피스'였다. 테스피스는 그리스 이카리아 출신의 시인이자 극작가였다. 그는 자기가 만든 디오니소스 찬양 노래 '디티람보스'*와 다른 사람이 쓴 작품을 공연했다. 당시 연극은 연기와 노래를 같이했기 때문에 배우 한 명과 합창단(코

테스피스

* 남성 합창단이 가면을 쓰고 춤을 추며 노래를 불렀다.

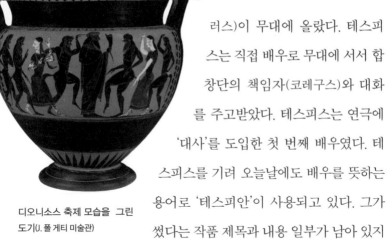
디오니소스 축제 모습을 그린
도기(J. 폴 게티 미술관)

러스)이 무대에 올랐다. 테스피
스는 직접 배우로 무대에 서서 합
창단의 책임자(코레구스)와 대화
를 주고받았다. 테스피스는 연극에
'대사'를 도입한 첫 번째 배우였다. 테
스피스를 기려 오늘날에도 배우를 뜻하는
용어로 '테스피안'이 사용되고 있다. 그가
썼다는 작품 제목과 내용 일부가 남아 있지
만, 진짜인지 알 수 없다.

연극은 그리스 시민*뿐 아니라 여성, 노예, 외국인까지도 연극을
보았다. 기원전 450년 아테네 지도자 '페리클레스'는 '기금'을 만들어
가난한 사람에게 연극 볼 돈을 주었다. 이 정책으로 페리클레스는 아
테네 시민들로부터 큰 인기를 끌었다.

그리스 연극이 완성되기까지

고대 그리스에서는 테스피스처럼 연극 줄거리와 대사를 쓰는 '극
작가'가 배우 역할을 하는 일이 많았다. 테스피스에게 배웠던 '프리
니쿠스'는 남성 역할만 있었던 연극에 여성 역할을 도입했다. 하지만

---

* 당시 '그리스 시민'은 18세 이상 남성 그리스인만을 의미했다.

당시 여성은 배우를 할 수 없어서 가면을 쓴 남성 배우가 여성을 연기했다.

기원전 5세기 초 활약한 극작가 '아이스킬로스'는 연극을 더욱 다듬었다. 그는 노래보다 대사를 중요하게 생각했다. 배우가 혼자 말하는 '독백'을 처음 도입했다. 아이스킬로스는 '두 번째 배우'를 무대에 세웠다. 이전까지는 배우 한 명이 무대에 올라 코러스와 대화했다. 두 번째 배우가 등장하면서 배우끼리 제대로 대사를 주고받기 시작했다. 배우 역할은 점점 중요해지고 코러스는 비중이 줄었다. 아이스킬로스는 비극에 등장하는 합창단을 50명에서 12명으로 줄였다.

아이스킬로스 흉상
(카피톨리노 박물관)

소포클레스 흉상(푸시킨 미술관)

뒤이어 그리스 연극을 완성한 사람은 '소포클레스'다. 그는 아이스킬로스로부터 연극을 배웠다. 28세 때 경연 대회에서 스승을 제치고 우승해 극작가로 이름을 알렸다. 소포클레스는 연극에 '세 번째 배우'를 도입했다. 세 배우가 나누는 대화로 인물의 특성을 나타냈다. 등장인물 사이 갈등과 다툼, 파멸을 정교하게 대사로 표현했다. 코러스를 12명에서 15명으로 늘렸지만, 연극을 해

비극과 희극

연극은 크게 '비극'과 '희극'으로 나뉜다. 비극은 생긴 지 가장 오래되고 비중이 큰 연극이다. 비극은 단지 슬픈 이야기를 의미하지 않는다. 모든 인간 행동이 주제다. 비극의 주인공은 슬픈 사건과 어려움을 겪는다. 주인공은 고난을 통해 삶이 가르쳐주는 진리를 깨닫고 존엄해진다. 관객은 비극을 감상하며 주인공과 같은 입장이 된다. 주인공이 겪는 불행에 공감하고 자기 일처럼 생각해 공포를 경험한다. 그러면서 관객은 '감정의 정화'인 '카타르시스'를 느낀다. 비극은 사건이나 이야기보다 등장인물의 생각과 행동에 더 집중한다.

희극은 관객에게 웃음을 주는 연극이다. 희극은 슬픈 결말로 끝나지 않는다. 현실을 비꼬아 우스꽝스럽게 표현하는 '풍자'가 중요하다. 잘못된 행동을 풍자해서 고치도록 한다. 희극 중에서도 넘어지거나 비틀거리는 등 연기 동작을 과장하거나 말장난으로 웃음을 주는 연극을 '익살극'이라 한다.

설해 주는 역할로 한정했다. 그는 '무용', '음악', 그리고 '배경'을 더해 연극을 '종합 예술'로 만들었다.

그리스 배우와 연극 관계자

그리스 배우는 전문 직업인이었다. 그리스인은 배우를 특별하게 대접했다. 배우는 사회적으로 지위가 높았고 인기도 있었다. 당시 그리스 시민은 의무적으로 군대에 들어가야 했는데 배우는 군대에 가지 않아도 되었다. 아주 심각한 죄를 지은 것이 아니라면 어지간한 일로는 체포되지도 않았다. 배우는 그리스 도시 전역을 자유롭게 여행할 수 있었다. 심지어 전쟁 중에도 배우가 오가는 것을 막지 않았다. 그리스 배우는 외국까지 이름을 날렸다.

무대에서 배우는 특별한 옷을 입었다. 배우는 평상복보다 더 화려한 무대 의상을 입고 머리와 얼굴 전체를 가리는 가면을 썼다. 가면은 등장인물이 어떤 신분인지, 어떤 성격인지를 알려 주었다. 야외극장에서 관객은 배우가 쓴 가면만 보고도 어떤 역할인지 쉽게 구분했다. 가면은 확성기 역할도 했다. 가면 안쪽에서 소리가 울려 입 부분 구멍으로 나오면 멀리까지 들렸다. 연극에서 배우가 맡은 역할을 '배역'이라고 하는데, 배역에 따라 착용하는 가면도 달라졌다.

연극에는 총 세 명의 배우가 등장했다. 첫 번째 배우는 주인공 역할을 했다. 두 번째 배우는 그보다 비중이 조금 떨어지는 역할을 맡았다. 세 번째 배우가 중요하지 않은 배역 모두를 담당했다. 코러스는 배우 세 명을 보조하는 역할을 했는데 연극에 꼭 필요했다. 시간이 흐

기원전 4세기~기원전 3세기 무렵 배우가 썼던 마스크(고대 아고라 박물관)

르면서 코러스도 전문 직업이 되어 제대로 춤과 노래를 배웠다.

코러스 책임자를 '코레구스'라 했다. 코레구스는 의상 제작, 음악 작곡 등 연극 제작에 필요한 돈을 댔다. 부유한 시민이 코레구스가 되었다. 연극 경연 대회를 주관하는 관리는 경연 대회에 참가하는 극작가들에게 코레구스를 짝지어 주었다. 좋은 코레구스를 만나야 연극이 상을 탈 수 있었다.

야외극장과 공연

연극을 공연하는 장소가 '극장'이다. 그리스 극장은 야외에 있었다. 아테네 '디오니소스 극장'은 1만 7천 명에 달하는 사람이 함께 연극을 볼 수 있을 정도로 컸다. 다른 도시에도 비슷한 극장이 있었다. 연극을 공연할 때면 야외극장은 관객으로 가득 찼다.

극장에는 오늘날과 같은 마이크나 스피커는 없었다. 배우는 모두가 들을 수 있게 목소리를 내야 했다. 이들은 목소리 훈련에 엄청난 노력을 기울였다. 훌륭한 배우는 극장을 목소리로 꽉 채울 수 있어야 했다. 배우는 목소리가 멀리까지 울려 퍼지게 하는 특별한 발성법을 사용하고, 표준 그리스어로 또박또박 발음했다. 멀리 앉은 관객도 배우 연기를 볼 수 있도록 움직임도 컸다. 극장도 물리학과 수학 지식을 총동원해 목소리가 잘 울리도록 설계했다. 그리스인이 가지고 있던 소리에 관한 지식은 오늘날과 비교해도 뒤떨어지지 않는다.

아테네 디오니소스 극장

그리스 극장은 어떻게 생겼을까?

그리스 극장은 기본 구조가 비슷했다. 배우가 공연하는 무대를 중심으로 뒤에는 배우가 공연 전에 대기하는 건물 '스케네skene'가 있고, 앞에는 코러스가 자리 잡는 곳과 관객석이 있었다. 스케네 앞쪽 벽에 무대를 꾸미는 배경 그림을 그려 넣기도 했다. 연극이나 영화에서 장면을 일컫는 '신scene'은 스케네로부터 나온 말이다. 나중에는 스케네 앞에 벽을 세우고 배경을 바꿔 걸었다. 코러스가 노래하는 장소는 '오케스트라'라고 했다. '춤추는 장소'라는 뜻이다. 지금은 음악 연주를 위한 악단이라는 의미로 널리 쓰인다. 오케스트라는 무대보다 낮은 곳에 있었다. 관람석은 '보는 곳'이라는 뜻의 '테아트론'이라 칭했다. 관람석은 오케스트라를 감싸고 뒤로 갈수록 높아졌다. 초기에는 관객이 방석이나 나무판을 가져와 깔고 앉았다. 점차 대리석으

그리스 극장 구조

로 만든 의자를 놓았다. 연극, 극장을 뜻하는 '씨어터theater'가 테아트 론theatron에서 나왔다.

로마의 연극

새롭게 떠오르는 로마

기원전 6세기부터 기원전 4세기까지 200여 년간 그리스 연극과 배우는 전성기를 누렸다. 기원전 334년부터 알렉산드로스 대왕이 페르시아를 침공해 아시아로 세력을 넓히면서 그리스 문화와 연극은 지중해 전역으로 퍼졌다. 이 시기에 연극 공연과 배우의 숫자도 많이 늘어났다. 하지만 기원전 323년 알렉산드로스가 죽고 난 뒤 그리스가 정치적으로 약해졌고 혼란스러운 사회 속에서 예술도 쇠퇴했다. 이제 로마가 새로운 강자로 떠올랐다. 이탈리아반도를 통일한 로마는 그리스 도시를 점령해 식민지로 삼으며 점점 세력을 넓혔다. 예술도 로마를 중심으로 돌아가기 시작했다.

로마 대중 공연

로마가 강해지기 전 이탈리아반도에는 에트루리아인이 살고 있었다. 그들은 마차 경주, 맹수와 사람 또는 사람과 사람이 싸우는 검투사 경기, 다양한 곡예와 서커스 관람을 즐겼다. 이를 이어받아 로마인도 큰 경기장을 지어 마차 경주와 검투사 경기를 열었다.

이탈리아 남부 도시 아텔라에서는 '익살극(또는 소극)'이라는 짧은 연극이 발전했다. 가면을 쓴 배우가 등장해 즉석에서 코미디 연기를 했다. 즉흥적이기는 하지만 몇 가지 특징적인 배역은 정해두었다. 광대, 허풍쟁이, 사기꾼, 어리석은 노인 등이었다. 주로 속임수로 상대방을 놀려먹는 내용을 우스꽝스럽게 다뤘다. 이 익살극은

아텔란 소극을 바탕으로 발전한 코메디아 델라르테 공연

16세기~18세기 이탈리아에서 '코메디아 델라르테'라는 이름으로 다시 태어나게 된다.

에트루리아인이 즐겼던 대중 공연과 아텔란 익살극을 이어받아 로마에서는 여러 즐길 거리를 합친 대중 공연이 유행했다. 서커스 무대와 비슷했다. 배우는 동물 조련사, 무용가, 광대, 운동선수 등과 함께 공연했다.

그리스 연극을 도입하다

로마는 영토를 넓히며 그리스 도시 국가를 점령했다. 로마가 직접 다스리지 않는 도시 국가는 로마에 조공을 바치고 복종했다. 그 과정에서 로마에 그리스 문화가 들어왔다.

그리스 출신 '리비우스 안드로니쿠스'는 어릴적 전쟁 포로로 로마에 끌려왔다. 그는 로마에서 시인이자 극작가로 활동했다. 안드로니쿠스는 그리스 작가 '호메로스'가 쓴 〈오디세이아〉와 다른 여러 그리스 연극을 로마에서 라틴어로 공연했다. 로마는 연극뿐 아니라 다른 모든 예술 분야에서 그리스 예술을 받아들였다. 기원전 2세기경이 되면 많은 그리스 연극을 라틴어로 번역하거나 번안해서 로마에서 공연했다. 로마 작가들도 라틴어로 독자적인 작품을 쓰기 시작했다.

번역과 번안

외국어로 쓴 문학 작품이나 노래 등을 자기 나라말로 소개할 때 '번역'이나 '번안'한다. 번역은 외국어를 그대로 옮겨 원래 의미를 최대한 살린다. 번안은 내용은 그대로 두지만 이름, 지명, 풍속 등을 제 나라 사정에 맞게 바꾼다. 예를 들면 '뉴욕'을 배경으로 주인공 '제임스'가 등장하는 소설을 '서울'에 사는 '철수'를 주인공으로 해서 옮기는 것이 번안이다.

마임과 팬터마임

로마에서는 '마임'과 '팬터마임'이 유행했다. 마임은 그리스어로 '모방하다', '흉내 내다'는 뜻을 가진 '미모스'에서 온 말이다. 이 연극은 특히 동작에 중점을 둔 익살극이었다. 축제가 열리면 마임 공연이 빠지지 않았다. 극장이 아닌 길거리나 공터 등 사람이 모일 수 있는 장소 어디서나 공연했다. 마임 배우는 가면을 쓰지 않았다. 여자 배우도 등장해 여성 역할을 맡아 연기했다. 주제는 폭력과 부정한 연애에 관한 내용이었다. 요즘 시쳇말로 '막장 드라마'처럼 인기가 있었다.

팬터마임은 정식 연극이었다. 배우 한 명, 코러스와 악단이 함께 공연했다. 팬터마임 배우는 고대 비극에 등장하는 배우처럼 긴 망토를 둘러 입었고 가면도 썼다. 한 사람이 가면을 바꿔 쓰며 여러 배역을 소화했다. 팬터마임에 쓰는 가면은 입 부분이 열려 있지 않아* 배우는 말과 표정을 전달할 수 없었다. 대신 자세와 동작, 특히 손을 섬세하게 움직여 의미와 감정을 표현했다. 팬터마임 배우는 최고 인기인이었다. 훗날 마임과 팬터마임은 말없이 동작만으로 의미를 전달하는 '무언극'**으로 발전했다.

달라지는 로마 연극

로마 연극은 기원전 1세기 무렵까지는 그리스처럼 비극 위주였다. 초기 로마는 투표로 뽑힌 집정관이 통치하는 공화제 국가였다. 기원전 29년 공화제는 막을 내리고 황제가 로마를 다스리기 시작했다. 이즈음부터 로마 연극에서 비극은 자취를 감추었다. 로마인들은 화려한 무대를 좋아했다. 평범한 극장을 벗어나 거대한 경기장에서 서커스, 마차 경주, 동물 곡예, 검투 경기를 즐겼다. 정치가들은 인기를 끌기 위해 정치가 개인이 돈을 들여 화려한 축제와 볼거리를 제공하며 이런 풍조를 부추겼다. 1세기경이 되면 로마 극장은 '버라이어티 쇼'를 주로 공연했다. 그리스 전통을 이은 연극을 마임과 팬터마임이 대신했다. 아텔란 익살극도 점점 인기가 시들해졌다.

---

* 팬터마임 가면이 다른 연극 가면과 차이가 없었다거나, 가면을 쓰지 않기도 했다고 주장하는 학자들도 있다.
** 말(언)이 없다(무)고 해서 '무언극'이다.

로마 배우들

로마 배우는 대부분 연극이나 다른 공연을 목적으로 만든 단체인 '극단theater'* 소속이었다. 극단은 지금으로 하면 연예 기획사였다. 배우를 훈련하고 공연 계약을 따냈으며 공연을 알리고 관객을 끌어모았다. 그리스와 달리 극단 소속 배우는 대부분 노예 신분이었다. 극단 책임자 정도가 자유민이었으리라 짐작한다. 연극 공연은 그리스와 크게 다르지 않았다. 배우는 마스크를 쓰고 큰 극장을 목소리로 채우기 위해 열심히 연습했다. 그리스와는 달리 무대에 오르는 배우 숫자를 제한하지 않았다. 연극배우는 모두 남자였다. 다만 마임이나 팬터마임 배우 중에는 여자도 있었다. 그리스처럼 극작가가 직접 연기를 하는 일은 거의 없었다. 큰 인기를 끈 배우도 있었지만, 그리스와는 비교할 수 없을 만큼 배우를 천대했다. 대부분 배우는 하류층이었고 돈도 얼마 벌지 못했다. 시간이 흐를수록 처지는 더욱 나빠졌다.

기독교와 배우

로마는 393년 기독교를 국교로 삼았다. 기독교가 성장하면서 연기 관련 직업은 크게 달라졌다. 기독교는 연극이 인간을 유혹해 세속적인 즐거움에 빠지게 한다고 보았다. 영혼을 구원하는 일에서 멀어지

---

* 연극, 극장, 극단 모두 영어로는 'theater'이다.

테오도라는 콘스탄티노플 경기장 곰 조련사의 딸로 태어났다. 어려서부터 춤을 추고 연기를 시작해 마임 배우로 이름을 알렸다. 원로원 의원이었던 유스티니아누스는 테오도라와 결혼하려 했다. 하지만 로마법에 따르면 원로원 의원과 여배우는 결혼할 수 없었다. 유스티니아누스는 524년 여배우와 합법적으로 결혼할 수 있도록 법을 새로 만들었다. 법이 통과되자마자 두 사람은 결혼했다. 527년 유스티니아누스는 동로마 제국 황제에 올랐다. 그렇게 여배우 출신 테오도라는 황후가 되었다.

황후가 된 테오도라는 뛰어난 능력을 발휘했다. 532년 콘스탄티노플에서 폭동이 일어났다. 성난 군중이 몰려들자 황제는 수도를 버리고 도망치려 했다. 이때 테오도라는 황제를 격려하고 설득해 도망가지 않고 반란을 진압하도록 했다. 그 후에도 어린 소녀를 사고팔지 못하게 하는 법을 만들고, 이혼법을 개정하여 여성의 재산권을 확대하는 등 정치에서도 활약했다. '동방 정교회'*는 그녀를 성인으로 기렸다.

게 한다고 생각했다. 신이나 영웅을 조롱하고, 남녀 간에 부도덕한 행동을 묘사하는 내용도 용납할 수 없었다. 그래서 기독교인들은 극장을 파괴하고 직업 배우들에게 연기를 그만두도록 강요했다. 배우를 계속하면 기독교식 결혼식, 세례식, 장례식 등 행사를 치르지 못하게

---

* 동로마 제국 영토 안에 있던 교회 중 로마 교황을 따르지 않고 독자적으로 남아 있는 교회, 그리스 정교회, 러시아 정교회, 이집트 정교회 등이 있다.

했다. 기독교인이 극장에 드나들다 발각되면 신도 자격을 박탈하고 교회에서 내쫓았다. 그러나 연기를 포기하지 않는 배우도 있었다. 적은 수지만 관객은 여전히 극장을 찾았다.

로마 제국 말기

강력한 제국이었던 로마도 점점 쇠락해갔다. 395년 로마 제국은 로마를 수도로 하는 서로마 제국과 콘스탄티노플을 수도로 하는 동로마 제국으로 갈라졌다. 각각 다른 황제가 나라를 다스렸다. 서로마 제국은 외부 침략에 시달리다가 476년에 결국 멸망했다. 그 과정에서 극장과 연극, 배우는 살아남지 못했다. 6세기 무렵이 되면 유럽에서 극장이나 배우는 자취를 감추었다.

동로마 제국(비잔틴 제국이라고도 한다) 배우는 서로마 제국 배우보다는 형편이 좋았다. 동로마 제국에는 이전과 같은 극장과 연극, 배우가 계속 남아 있었다. 배우들은 동로마 제국 전역을 여행하며 연극을 공연했다.

고대 중국 희곡과 배우

역사책에 등장하는 배우

중국을 대표하는 역사책 『사기』는 기원전 2000년대 이전부터 기원전 101년까지 역사를 담고 있다. 사기를 쓴 역사가 사마천은 부자와 돈벌이에 관한 내용도 '화식열전'이라는 제목으로 다뤘다. 화식열전에는 악기를 다루고 광대놀이를 하는 중산 지역 사람들이 나온다. 이들은 그 당시 전문 배우였을 것이다.

궁중에도 배우가 있었다. 이들은 노래하고, 익살극도 벌이고, 묘기도 보이며 왕을 즐겁게 했다. 어떤 배우는 왕에게 정치에 관해 조언하기도 했다. 사기 '골계*열전'에는 재치 있고 익살스러운 말로 이름을

---

* '골계(滑稽)'는 웃기고 재치있는 말과 행동으로 교훈을 주는 일이다.

손숙오를 연기한 우맹

초나라 재상이었던 '손숙오'는 우맹과 친했다. 그는 죽기 전에 아들에게 살기 어려워지면 우맹을 만나보라 일렀다. 손숙오가 세상을 뜬 후 가난에 시달리던 아들은 우맹을 찾아가 하소연했다. 우맹은 손숙오처럼 옷을 입고 조정에 나가 손숙오를 흉내 냈다. 1년쯤 지나자 왕과 다른 신하는 우맹과 손숙오를 구분하지 못했다. 왕은 손숙오가 살아 돌아온 줄 알고 다시 재상으로 삼고자 했다. 우맹은 "손숙오 같은 신하가 청렴하게 정치를 했지만 죽고 나자 그 아들은 땔나무를 팔아 생계를 꾸리는 처지가 되었으니 손숙오처럼 되느니 차라리 목숨을 끊겠다."라고 했다. 왕이 이를 듣고 손숙오의 아들에게 땅을 주었다. 우맹은 언제 왕에게 간언해야 하는지를 잘 아는 지혜가 있었다. 우맹이 손숙오를 흉내 낸 연기를 '우희'라 한다. 사람들은 이를 중국 첫 번째 연극이라 생각한다.

날린 사람들이 나온다. 사기에 따르면 초나라에 '맹'이라는 유명한 배우가 있었다. 사람들은 그를 배우 우優자를 붙여 '우맹'이라 불렀다. 우맹은 키가 크고 말솜씨가 좋았다. 그는 풍자와 해학으로 왕에게 충고해 훗날까지 이름을 남겼다.

백희를 즐기다

기원전 221년 진나라는 중국을 통일했다. 뒤를 이어 한나라가 들어서 220년까지 중국을 다스렸다. 진나라와 한나라 때는 '악부'라는 관청을 두고 백성이 즐기는 노래와 춤을 수집했다. 당시는 '백희'라는 공연이 유행했다. 백희는 서커스처럼 화려한 볼거리가 많았다. 음악, 무용, 연극, 곡예, 마술 등

한나라 귀족 연회 모습을 그린 무덤 벽화. 화려한 묘기를 부리는 모습이 눈에 띈다.

을 이 마을 저 마을에 다니며 공연했다. 이동할 때는 마차 위에 탄 악대가 곡을 연주했다. 마차를 끄는 말도 용, 사자, 코끼리, 기린 등으로 꾸몄다. 공연자 중에는 귀족이나 권력자 아래서 일하는 사람도 있었지만, 대부분은 특별한 소속 없이 떠돌았다. 동물이 춤을 추다가 누런 용(황룡)으로 변하는 '어룡'과 커다란 동물이 서로 다투고 변신하는 '만연'이라는 공연이 유명했다. 두 공연을 늘 같이해서 '어룡만연'이라 합쳐 불렀다. 황제가 만수무강하기를 비는 내용이었다. 황제도 백희를 즐겨서 매년 정월 초하루 황제 앞에서 어룡만연을 공연했다.

인형극과 그림자극

고대 중국에는 왕이나 귀족이 죽으면 다른 사람을 같이 무덤에 묻는 '순장' 풍속이 있었다. 점차 사람이 아닌 인형을 만들어 묻기 시작

했고 덕분에 인형 만드는 기술이 점점 발전했다. 겉모습뿐 아니라 사람과 비슷하게 움직일 수도 있었다. 사람이 조종하는 인형을 '괴뢰'라 한다. 배우 대신 인형이 등장하는 연극이 인형극, '괴뢰희'다. 한나라 때 책 『열자』「탕문」편에는 '언사'라는 기술자가 만든 인형이 나온다. 이 인형은 겉모습만 사람 같은 것이 아니라 심장, 폐, 간 등 내장 기관도 갖추었다고 한다.

백희에서도 인형을 사용해 재미를 북돋웠다. 인형을 움직이기 위해 다양한 방법을 활용했는데, 물을 이용해 각종 나무 인형을 움직이기도 했다. 점차 인형을 끈으로 묶어 사람이 조정하는 방식으로 발전했다. 인형극은 생일이나 결혼식 같은 자리에서 빠지지 않았다.

그림자극은 그림자를 이용하는 연극을 의미한다. 종이나 가죽으로 만든 형상에 빛을 비추면 그림자가 생긴다. 그림자를 움직이고 바꿔가며 뒤에서 사람이 연기했다. 역사적 사건, 아름다운 여인, 일상생활, 법정 다툼 등을 주제로 다뤘다. 인형극과 그림자극은 궁중과 일반인이 모두 즐기는 오락이 되었다.

권력자를 비꼬는 배우

배우는 왕이나 황제 같은 권력자를 비꼬기도 했다. 권력자에게 입바른 소리를 잘못하면 목숨을 잃었다. 그래서 배우는 우스꽝스럽게 비꼬아 충고해야 했다. 생김새도 괴상할수록 좋았다. 외모가 흉하거나 우스꽝스러워야 권력자가 경계하지 않았다. 권력자도 배우가 극을 이용해 비꼬아 이야기하면 눈감아 주었다. 그래서 권력자를 풍자하고 비꼬는 연극이 발전했다.

7세기 무렵부터 '참군희'라는 연극이 유행했다. 우스꽝스러운 말로 세상을 비꼬는 연극을 '골계희'라 한다. 골계희 중에서도 관리나 권력자를 놀려먹는 연극을 '참군희'라 했다. '참군'은 벼슬 이름이다. 참군희는 1세기 말에서 2세기 초 '주연'이라는 관리가 관청 재물을 몰래 팔아먹다 잡힌 사건에서 비롯되었다. 황제는 그를 용서해 주는 대신 잔치가 열릴 때마다 연극에 올려 다른 배우가 관리를 놀리게 했다. 황제는 몇 년이 지나서야 관리를 풀어 주었다.

예술인 교육 기관, 교방과 이원제자

한나라가 멸망한 이후 중국은 여럿으로 쪼개졌다. 581년 수나라가 다시 통일했지만 오래가지 못했다. 618년 수나라를 무너뜨리고 당나라가 들어섰다.

당나라에 이르러 노래와 춤, 공연이 크게 발전했다. 당나라 초기 춤과 노래를 가르치고 예술인을 관리하는 '교방'이라는 기관을 만들었다. 당나라 제6대 황제 현종은 교방 규모를 늘렸다. 궁정에는 '내교방'을, 외부에는 '외교방'을 두고 춤과 노래뿐 아니라 연기와 각종 공연 기술을 가르쳤다. 현종은 예술인들을 배나무가 많은 정원(이원)에 따로 모아 손수 지도했다. 이들을 '이원제자'라 불렀다. 교방은 청나라 때까지 남아 있었다.

뛰어난 배우들

교방 소속 예인이나 이원제자 중에는 뛰어난 배우가 많았다. 이원제자인 '황번작'은 음악 솜씨와 말솜씨가 빼어났다. 황제 현종이 그를 매우 총애해서 하루라도 황번작을 보지 않으면 짜증을 낼 정도였다. 황번작은 재치 있는 풍자로 황제에게 깨달음을 줬다. 어느 날 황제가 좋은 말을 구했는데 말에 관해 잘 아는 사람을 찾았다. 황번작은 승상*이 말을 잘 안다고 황제에게 이야기했다. 황제가 믿지 않자 황번작은 "매일 승상들이 타고 가는 말을 보았는데 모두 좋은 말이었습니다. 분명히 말에 능통합니다."라고 이야기했다. 승상이 황제만큼이나 권세를 누리고 있다는 뜻이었다.

백성이 겪는 고통을 연극에 올린 배우도 있다. 804년 관중 땅에는 흉년이 들었다. 당시 황제였던 덕종은 관중을 다스리던 관리 '이실'을 좋아했다. 그는 황제의 총애를 믿고 세금을 가혹하게 거두고 법을 어기며 나쁜 짓을 일삼았다. 배우 성보단은 '조세'라는 연극을 만들어 백성들이 고생하는 모습을 연기했다. 이실은 성보단이 나라에서 하

* 당나라에서 제일 높은 벼슬아치로 세 명이었다.

여배우를 풀어 준 공주

현종 말기 '아포사'라는 장군이 죄인으로 몰려 죽었다. 부인은 천한 신분이 되어 강제로 궁중 배우가 되었다. 어느 날 황제 앞에서 공연할 때 아포사 부인이 출연했다. 황제와 다른 사람들이 웃고 즐겼다. 오직 공주만이 고개를 숙이고 눈살을 찌푸렸다. 황제가 공주에게 이유를 물었다. 공주는 "아포사가 반역자라면 부인도 같은 처벌을 받아야 합니다. 만일 죄가 없다면 부인을 배우들과 같이 두고 모욕하면 안 됩니다. 궁중에 시녀가 많은데 왜 이 사람이어야 합니까? 옳지 않습니다." 라고 했다. 황제가 이 말을 듣고 아포사 부인을 사면했다.

는 일을 비난했다고 고발했다. 황제는 성보단을 처형했다.

내교방과 외교방에는 여성 배우도 많았다. 당시 술 취한 남편이 아내를 때리고 아내가 이를 이웃에 호소하는 내용을 담은 '답요랑'*이란 연극이 유행했다. 이전까지 남자 배우가 여자 옷을 입고 아내 역을 했다. 당나라 때는 여자 역을 여성 배우가 담당했다. '장사랑'이라는 여성 배우가 '답요랑' 역으로 유명했다. '용아'라는 여성 배우는 연기가 뛰어나 다른 배우가 앞다투어 용아에게서 배웠다.

---

* 답요는 걸으면서 노래한다는 뜻이다. 아내 역할을 하는 배우가 걸어 다니며 노래했기에 '답요랑'이란 이름을 붙였다.

우리나라 삼국 시대
공연 예술

하늘에 바치는 놀이

부족이나 국가에서는 매년 봄에 씨 뿌릴 때나 가을에 수확할 때 하늘에 큰 제사를 지냈다. 부여는 매년 1월 '영고'라는 큰 제사를 하늘에 올렸다. 사람들이 다같이 모여 먹고 마시고 노래하고 춤추었다. 고구려는 10월이 되면 '동맹'이라는 큰 제사를 지냈다. 남녀노소는 물론 외국인도 참석했다고 한다. 도읍으로 오지 못하는 사람은 지방에서 동맹 제사를 치렀다. 기원전 1세기~6세기 동안 동해안 일대에 터 잡았던 부족 국가 '예'에서도 '무천'이라는 제사를 지냈다. 기원전 1세기~3세기 무렵 경기, 충청, 전라도 지역 54개 부족 국가 연합인 마한에서는 5월에 씨를 뿌리고 나서 사람들이 모여 춤추고 노래했다. 하늘과 소통하는 무당이 제사를 주관했다. 이런 행사로 왕은 권위를 세웠고 백성들은 함께 즐기며 단합할 수 있었다.

악무와 예인

옛날에는 공연 예술을 '악무'라 했다. '악'은 음악이고 '무'는 춤을 뜻한다. 악무는 음악, 무용, 무술, 묘기 등을 모두 담은 종합 공연 예술이었다. 악무를 익혀 사람들 앞에서 공연하는 전문가를 '예인'이라 불렀다. 제사나 국가 행사에서 흥을 돋우는 예인 집단도 등장했다.

북한 황해남도 안악군에서는 큰 돌무덤이 발견되었다. '안악 3호분' 또는 그 무덤에 묻힌 사람 이름을 따 '동수묘'라 한다. 동수묘 안에서 벽화를 여럿 발견했는데 여기에 뿔피리를 부는 사람, 춤추는 사람이 등장한다. 춤추는 사람의 얼굴 생김새를 보면 외국인일 가능성이 있다. 중국 지린성 퉁구에 있는 고구려 옛 무덤 '무용총' 벽화에는 춤추는 무용수와 가수가 등장한다. 북한 평안남도 대동군 팔청리 옛 무덤에는 북을 치고 피리를 부는 악대, 말 위에서 펼치는 묘기, 공과 막대기 던지기, 장대타기, 두 사람이 맨손으로 힘을 겨루는 무예 등 각종 재주를 보이는 사람을 그린 벽화를 발견했다.

삼국 시대 공연의 흔적

고구려는 중국으로부터 불교를 받아들였다. 그 과정에서 중앙아시아 지역 문화와 예술도 고구려에 들어왔다. 중국 역사책에는 '고려기'

라는 고구려 악무가 나온다. 학자들은 고려기를 사자 모양 가면을 쓰고 춤을 추는 놀이였을 것이라고 짐작한다. 정확히 어떤 내용의 놀이였는지 알 수 있는 기록은 없다. 고구려에는 인형극(괴뢰희)도 있었다. 중국 기록에 '이적'이라는 장군이 고구려를 공격한 다음 고구려의 괴뢰를 빼앗아 황제에게 바쳤다는 내용이 있다. 노래에 따라 인형을 놀리는 춤이 있었다는 기록도 있다.

백제는 중국 남부 지역으로부터 불교와 불교 예술을 받아들였다. 612년 백제 사람 '미마지'는 불교를 알리는 연극인 '기악'을 일본에 전했다. 미마지는 일본에 귀화해서 어린 소년을 모아 기악을 전했다. 기악에 참여한 사람들은 가면을 쓰고 행진했다. 행진하면서 불교 경전의 내용을 연기했다.

신라는 매년 '가배'라는 축제를 열었다. 음력 7월 16일부터 마을 여인을 두 패로 나누고 왕녀가 각각 대장을 맡았다. 두 패는 한 달 동안 옷감을 짜서 음력 8월 15일에 어느 편이 많이 짰는지 겨뤘다. 진 편은 이긴 편에게 음식을 대접했다. 가배 날에는 노래와 춤 그리고 각종 놀이를 즐겼다. 이를 '가무백희'라고 했다. 신라에서도 예인을 일본에 보냈다. 458년 신라 악공 80명이 일본으로 들어갔다. 또한 신라에는 '화랑도'가 있었다. 화랑도는 화랑과 화랑을 따르는 낭도로 이루어진 집단이었다. 좋은 집안 출신 15~16세 소년이 함께 모여 신체를 단련하고 공부하고 때때로 야외에 나가 수련하며 춤과 노래를 선보였다.

통일 신라와 공연 예술

통일 신라 시대 공연 중에는 지금도 내용과 유래를 알 수 있는 몇 가지가 있다. 당시에는 칼을 들고 춤을 추고 묘기를 보이는 '검무'가 널리 퍼졌다. 원효대사가 만들었다고 하는 '무애가무'에 관한 기록도 있다. 원효는 어느 날 광대들이 춤을 출 때 쓰는 괴상한 바가지를 얻었다. 그 바가지를 본떠 놀이 도구를 만들고 이름을 '무애'라 지었다. 원효는 탈바가지를 쓰고 여러 마을에서 노래하고 춤추며 불교를 전했다. 이를 무애가무라 했다. 가면 모양과 노래 가사, 놀이 내용은 남아 있지 않다.

우리나라 역사책『삼국유사』에는 '처용'에 관한 설화가 있다. 용왕의 아들이었던 처용은 어느 날 아내가 전염병을 퍼트리는 역신과 함께 누워있는 것을 보고 노래를 불러 내쫓았다. 이 일로 처용의 얼굴은 전염병을 물리치는 상징이 되었다. 처용이 부른 노래 '처용가'와 추었다는 춤 '처용무'가 남아 있다. 후대 사람들이 처용 얼굴을 본뜬 가면을 쓰고 노래를 부르며 춤을 추었으리라 짐작한다. 실제 어떤 내용이었는지는 알지 못한다. 처용무는 고려와 조선에까지 이어졌다. 그 외에도 공 여러 개를 던지고 받는 '농환(저글링)', 칼을 던지고 받는 '농검', 난쟁이나 꼽추가 나와 춤을 추고 연기하는 '골계희', 각

처용의 얼굴을
본뜬 가면(국립민속박물관)

왕을 암살하기 위해 칼춤을 춘 황창

『삼국사기』에 칼춤을 잘 추는 황창이 나온다. 신라는 백제 왕을 암살하기 위해 황창을 백제 도성으로 보냈다. 황창은 백제 도성에서 칼춤을 추어 인기를 끌었다. 궁중에까지 소문이 퍼져 왕은 황창이 추는 칼춤을 직접 보고 싶어 했다. 황창을 궁궐로 불러 공연하게 했다. 여러 사람이 춤을 보느라 정신이 팔린 틈을 타 황창은 왕을 암살했다. 백제는 황창을 잡아 죽이고 목을 잘라 신라에 보냈다. 이때부터 신라 사람들은 황창을 기리기 위해 황창 얼굴 가면을 쓰고 칼춤을 추었다고 한다.

종 마술, 무예, 재주 등을 공연했다.

발전하는
연극과 배우

로마 제국이 멸망한 뒤 오랫동안 연극은 수난을 겪었다. 중세 서양의 중심이었던 기독교가 연극을 비롯한 모든 오락을 금지시켰기 때문이다. 14세기 르네상스 이후 이탈리아를 중심으로 연극은 다시 살아나 오페라 등 다양한 형태로 발전했다.

우리나라와 중국 등 아시아 지역에서는 배우를 뚜렷하게 구분하지 않고 노래, 연기, 재주를 함께 공연하는 '종합 예술인'이 있었다. 이들은 역할에 맞는 일정한 의상과 분장을 갖추고 일정한 형식과 규칙에 따라 공연하기 시작했다.

중세 서양 연극과 배우

간신히 살아남은 연극과 배우

서로마 제국이 멸망한 뒤 천여 년 동안 시기를 역사에서는 '중세'라고 구분한다. 중세는 지역마다 그 땅을 지배하는 '영주'와 그 땅에서 농사를 짓는 '농민'으로 이루어진 봉건제 사회였다. 또한 중세 서양은 기독교 사회였다. 로마가 국교를 기독교로 정한 후, 유럽 전역으로 퍼져나간 기독교는 로마 멸망 후에도 서양 사회를 지배했다. 기독교는 사람들이 즐기는 오락을 싫어했다. 중세 서양에서 예술은 힘을 잃었다. 노래와 춤은 오직 신을 찬양하기 위한 것이었으며, 교회는 연극을 금지했다. 배우를 비롯하여 연기하는 직업을 가진 사람들은 범죄자 취급을 받았다. 배우들은 자유롭게 연기하지 못했다. 가뜩이나 서로마 제국이 멸망하는 과정에서 극장은 파괴되었고 배우들은 죽은 데

벤저민 쿠이프가 그린 17세기 네덜란드 유랑 극단의 모습

다가 기독교의 억압까지 더해지자 연극과 배우는 점점 사라져갔다.

연극과 배우는 '유랑 극단'에서 간신히 살아남았다. 유랑 극단, 또는 순회 극단은 일정한 본거지를 두지 않고 여러 마을을 돌며 공연하는 집단이었다. 마을에 축제가 열리면 배우는 서커스나 곡예, 노래 공연 사이에 연기를 했다. 이런 공연자를 통틀어 '음유시인'이라 불렀다. 교회나 성직자 눈치를 덜 보는 관객은 공연을 보러 몰려들었다. 로마 시대 전통이 남아 기독교의 영향을 덜 받는 마을일수록 관객이 많았다. 이 시기에는 가수, 무용가, 배우를 뚜렷하게 구분하지 않았다. 유랑 극단 배우는 노래를 부르고 춤을 추고 연기도 했다.

연극이 되살아날 조짐

유럽 여러 민족은 저마다 토착 신앙이 있었다. 그들은 토착신을 찬양하는 축제를 열었는데 기독교 축제가 이를 대신하기 시작했다. 10세기 무렵에는 기독교를 주제로 하는 연극도 생겨났다. 교회는 기독교 전파에 축세와 종교 연극을 활용했다. 덕분에

중세 시대 벨기에에서 있었던 종교 연극을 그린 판화

교회를 찾는 신도 수가 늘어났다. 종교 연극에서는 기독교 신자, 종교 단체 회원, 성직자 등이 연기했다. 이들은 따로 돈을 받지 않았다.

14세기 무렵 봉건제는 점점 힘을 잃었다. 상공업이 살아나고 대학이 발전하고 도시가 성장했다. 연극을 관람하는 새로운 관객도 늘어났다. 종교 연극도 교회 밖으로 나가 라틴어가 아닌 자기 나라말로 번역해서 공연했다.

관객은 점차 수준 높은 연극과 연기를 원했다. 무대와 의상도 화려하고 정교해졌다. 연극을 만들고 공연하는 일은 점점 복잡해졌다. 극단을 관리하는 사람도 다시 생겨났다. 종교 단체 소속이 아닌 일반인

도 배우로 활동했다. 배우는 대부분 아마추어였다. 극단은 배우에게 급여를 따로 주지 않았고 연습하는 동안에 음식을 제공하는 수준이었다. 극단에 소속되어 주연 역할을 하는 배우에게는 돈을 조금 주기도 했다.

복잡해진 연극

연극 제작과 공연 진행이 점점 복잡해져 교회가 감당하기에는 힘에 부쳤다. 교회는 연극을 부유한 상인이나 상인 조합에 넘겼다. 민간에서 연극을 만들고 공연하기 시작했다. 민간 연극이라도 주제나 극본은 교회에서 철저하게 감독했다.

한 편의 연극을 무대에 올리는 데는 직업 배우 말고도 많은 아마추어 배우가 필요했다. 배역에 어울리는 아마추어 배우를 선발했다. 젊은 여성은 성모 마리아 역할을, 나이 든 사람은 노인 역을 맡았다. 하지만 당시에는 프랑스를 제외한 유럽 국가에서 여성은 무대에 오르지 못했고, 대신 소년이나 청년이 여성 배역을 맡았다. 배우들은 특별한 무대 의상 없이 평소에 입던 옷 그대로 무대에서 연기했다. 천사나 악마처럼 특별한 역할을 맡았을 때만 무대 의상을 만들어 입었다.

르네상스 시기 연극과 배우

다시 깨어난 예술

14세기경 유럽은 큰 변화를 겪었다. 유럽은 11세기 말부터 이슬람 세력을 몰아내기 위한 십자군 전쟁을 벌였다. 전쟁으로 사람과 물자가 활발히 오고갔다. 그 과정에서 이슬람으로부터 새로운 문물을 받아들였다. 상거래도 늘어나 외국과 무역도 성장했다. 경제가 발전하면서 여유가 생긴 사람들은 딱딱한 교회 규칙보다는 자유로운 사상과 즐거움을 원했다. 힘이 세진 도시는 교회의 간섭을 뿌리칠 수 있었다. 이탈리아를 중심으로 그리스, 로마 시대 고전 학문과 예술을 연구하고 가르치는 인문학이 발전했다. 이 시기를 '르네상스'라 한다. 천여 년 동안 잠자던 예술도 다시 기지개를 켰다.

부활한 연극과 직업 배우

교회가 아닌 민간에서 운영하는 극단은 점점 늘어났다. 이제는 교회가 아닌 부유한 상인, 귀족, 때로는 왕실에서 극단을 후원했다. 극단은 때로 후원자를 위한 특별 공연을 했다. 15세기가 되면서 노래하는 배우와 대사로 연기하는 배우가 구분되기 시작했다. 15세기 말에는 주연 배우를 공개 모집하기도 했다. 배우는 이탈리아, 프랑스, 영국, 독일 등에서 비극, 희극, 익살극, 무언극을 공연했다. 이 배우들은 아마추어가 아닌 돈을 받고 연기하는 직업 배우였다. 고대 그리스 이후 천여 년 만에 연극과 배우는 다시 살아났다. 다른 공연 사이에 하는 연기가 아닌 연극만을 위한 무대가 열렸다.

쇠퇴하는 종교 연극

기독교가 앞장섰던 종교 연극은 쇠퇴해갔다. 15세기 이후 기독교는 이전처럼 막강한 힘을 발휘하지 못했기 때문이다. 유럽 왕들이 권력을 다투는 가운데 교황과 교회는 권위를 잃어갔다. 부패하고 백성을 착취하는 교회에 대한 사람들의 불만이 높아졌다. 교회가 대대적으로 면벌부를 팔기 시작하자 불만이 터져나왔다. 기독교 교리에 따르면 죄를 지은 사람은 그에 합당한 벌을 받아야 천국에 갈 수 있다. 교회는 면벌부를 사면 죄를 지어도 벌을 받지 않고 천국에 갈 수 있다고 선전했다. 면벌부 판매를 계기로 몇몇 성직자들은 기존 교회에 반대하고 새로운 교회를 만들기 위해 나섰다. 기독교는 '가톨릭(구교)'과 '개신교(신교)'로 나누어졌다. 가톨릭을 믿는 나라와 개신교를 믿는 나라 간에는 전쟁도 일어났다.

개신교를 믿는 영국 등의 국가는 종교 연극이 가톨릭 교리를 선전한다고 여겼다. 1558년 영국 여왕 엘리자베스 1세는 모든 종교 연극을 금지했다. 프랑스 같은 가톨릭 국가도 마찬가지였다. 종교 연극 때문에 가톨릭교회를 개혁하자는 목소리가 높아질까 두려워했다. 오로지 스페인에서만 종교 연극이 맥을 이었다. 종교 연극은 힘을 잃었다.

이탈리아에서 발전한 연극

종교 연극이 자취를 감춰 갈 때쯤 이탈리아에서 새로운 연극이 등장했다. 로마 아텔란 익살극 뒤를 이은 '코메디아 델라르테'라는 연극이 인기를 끌었다. 여기 등장하는 배우는 전문 직업인이었다. 배우는 가면을 쓰고 무대에 올라 즉흥 연기를 선보였다. 남녀 주인공은 가면을 쓰지 않았다. 조연은 다른 역할을 맡을 때마다 가면을 바꿔 썼다. 대본이 없었기에 배우가 중심이 되어 공연을 끌어갔다. 처음부터 끝까지 그 자리에서 떠오르는 대로 연기하지는 않았다. 배우는 간략한 줄거리를 기본으로 상황에 따라 다른 연기를 펼쳤다. 결말이 완전히 달라지지는 않았다. 배우는 한번 맡은 배역을 좀처럼 바꾸지 않았다. 하인 역할 배우는 수십 년 동안 계속 같은 배역을 연기했다.

다른 중요한 연극은 '오페라'
였다. 오페라는 이탈리아 피렌
체에서 시작했다. 르네상스 시
대 이탈리아 지식인들은 고대
그리스 문화에 푹 빠졌다. 피렌
체에 살던 지식인, 작곡가, 시인,
학자, 연극 애호가들은 고대 그
리스 비극을 다시 무대에 올리
고 싶었다. '피렌체 카메라타'라

첫 오페라 〈다프네〉의 곡을 쓴 야코포 페리

는 모임에서는 코러스와 배우가 노래로 대사를 주고받는 연극을 만

코메디아 델라르테에서 사용한 슬랩스틱

코메디 데아르테 공연 중에는 서로 때리고 싸우는 장면도 있었다. 이때 '슬랩스
틱'을 이용했다. 슬랩스틱(이탈리아어로는 바타치오)은 나무 조각 두 개를 붙여 만

든 막대이다. 사람을 때리면 큰 소리가 나
지만 아프지는 않다. 슬랩스틱은 우스꽝
스러운 분위기를 만드는 도구로 제 몫을
했다. 요즘은 과장되게 행동해 웃음을 유
발하는 연기를 '슬랩스틱'이라 한다.

슬랩스틱

할리 퀸은 코메디아 델라르테 출신이다

2016년 〈수어사이드 스쿼드〉라는 영화가 개봉했다. 이 영화 등장인물 중 '할리 퀸'이 있다. 배트맨과 대적하는 악당 '조커'와 한편인 금발 여성으로 야구 방망이를 들고 다니며 시원한 액션을 선보인다. 할리 퀸은 코메디아 델라르테에 나오는 '아를레키노'라는 인물에게서 나왔다. 아를레키노는 교활하고 익살스러운 시종으로 항상 다이아몬드 무늬 옷을 입는다. 중세 프랑스 연극에 나오는 장난꾸러기 악마에서 특징을 따왔다. 아를레키노의 영어 이름이 바로 '할리퀸(Harlequin)'이다. 여기에서 이름을 '할리 퀸(Harley Quinn)'으로 살짝 바꿨다. 할리 퀸은 1992년 미국 만화 '배트맨'에 처음 등장했다. 이후 할리 퀸은 만화에 계속 등장했으며 2016년 이후 영화 주인공으로도 큰 인기를 끌었다.

영화 〈수어사이드 스쿼드〉(2016) 포스터 할리 퀸(왼쪽)과 아를레키노(오른쪽)

들었다. 1594년에 '오타비오 리누치니'가 대본을 쓰고 '야코포 페리'가 곡을 만든 첫 오페라 〈다프네〉를 발표했다. 오페라는 이탈리아를 넘어 전 유럽으로 퍼져나갔다. 오페라에서는 음악이 연극을 압도했다. 오페라에 출연하는 배우는 '연기자'라기보다는 '가수'였다.

이탈리아 극단과 배우

직업 배우들은 대개 극단에 들어가 활동했다. 주로 배우 대표, 혹은 극단 관리자가 극단을 운영했다. 극단에는 보통 배우 10~12명이 속했다. 남자, 여자 모두 배우로 무대에 섰다. 극단과 배우는 파트너 관계였다. 연극 공연으로 돈을 벌면 극단과 소속 배우가 수익을 나눠 가졌고 손해도 서로 나눠 감당했다. 신인 배우는 정해진 급료를 받기도 했다. 이탈리아 코메디아 델라르테 배우들은 순회공연도 많이 했다. 무대가 실내든 실외든, 무대 장식이 있든 없든 관계없이 공연했다. 배우는 남부 유럽과 서부 유럽에서 점점 존경받는 직업이 되었다.

영국 연극과 배우

16세기를 지나며 배우는 유럽에 뿌리내렸다. 귀족과 왕실이 극단을 후원하고 보호했다. 영국에서는 귀족이 순회 극단을 보호했다. 하지만 귀족이 보호하는 극단이라도 본거지 외 다른 지역에서 활동하기 어려웠다. 다른 지역의 권력자나 영주가 순회 극단 배우를 떠돌이로 몰아 감옥에 보낼 수 있었기 때문이다.* 이를 막기 위해 영국은 1572년 전국을 순회하는 극단에 면허증을 주었다. 면허증이 있으면 배우는 부랑자로 처벌받지 않았다. 후원과 보호 아래서 극단은 빠르게 성장할 수 있었다.

1576년 런던에 최초로 '상설극장'을 세웠다. 이름은 '더 씨어터The Theatre'였다. 16세기 영국에서는 위대한 극작가와 배우가 뛰어난 작품을 만들었다. '윌리엄 셰익스피어'가 이때 활약했다. 그는 〈로미오와 줄리엣〉, 〈햄릿〉, 〈리어왕〉, 〈오셀로〉 등 뛰어난 작품을 남겼다.

16~17세기 영국 배우는 전문 직업으로 잘 조직되어 있었다. 배우기 되려는 사람은 도제로서 스승과 함께 살며 연기를 배웠다. 수준이 높아지고 연기가 성숙하면 독립해 배우로 활동했다. 배우 지위는 서서히 높아졌다. 스타 배우는 명성과 부를 거머쥐었다.

고난을 겪고 발전하는 영국 연극

1642년 영국은 왕을 지지하는 왕당파 세력과 의회를 지지하는 의회파 세력 사이에 내전을 겪는다. 1649년 의회파가 승리하고 영국 왕찰스 1세를 처형한다. 의회파 군대를 지휘한 '올리버 크롬웰'이 영국

---

* 영국에는 '부랑자와 거지에 관한 법'이 있었다. "떠돌이나 게으른 자는 3일 동안 가두고 빵과 물만 준다. 다른 도움을 주지 않고 즉각 마을에서 쫓아낸다."라는 법이다.

을 다스렸다. 의회파는 성경과 금욕주의를 강조하는 청교도가 중심이었다. 청교도는 기독교 전통에 따라 연극과 배우를 반대했다. 이들이 정권을 장악한 동안 극장은 문을 닫았다.

1658년 올리버 크롬웰이 죽고 1660년 찰스 2세가 왕위에 오르며 극장은 다시 문을 열었다. 1660년 말에는 영국에서도 처음으로 여성 배우가 무대에 올랐다. 극단은 상연할 연극을 미리 정해두고 규칙적으로 돌아가며 공연하기 시작했다. 수도인 런던을 중심으로 극단과 극장이 몰려들었다. 지방에 자리 잡은 극단도 있었다. 지방 극단은 그 지역 배우에게 활동할 기회를 제공했다. 극단 운영 방식도 달라졌다. 배우가 아닌 투자자나 사업가가 극단을 운영했다. 극단의 수익을 나눠 갖기보다 봉급을 받는 배우가 늘어났다. 봉급 외에 수입도 있었다. 극단은 매년 특별히 '수익 공연'을 했다. 수익 공연은 입장료에 배우들이 가져갈 몫을 더한 공연이었다. 그래서 입장료가 다른 연극에 비해 비쌌다. 수익 공연은 배우들이 돈을 더 벌 수 있는 기회였다.

배우가 되어 활동하기

17세기에도 배우가 되려면 도제식 교육을 주로 받았다. 짧은 기간이지만 연기를 가르치는 학교도 생겼다. 극단에서도 자체적으로 연기를 가르쳤다. 배우가 되려는 사람은 수련생으로 극단에 들어가 연극을 배웠다. 처음에는 작은 역할을 하면서 선배 연기자를 따라 연기를 익혔다. 점점 비중 있는 배역을 맡다가 실력이 늘면 고정 배역을 차지했다.

극단은 연극을 공연하는 동안에만 배우를 고용했다. 주연 배우만 예외적으로 다른 배우보다 계약 기간이 길었다. 18세기 말이 되면 인기 배우는 높은 보수를 받고 짧은 기간만 극단에서 활동했다. 점차 인기 배우의 출연 여부에 따라 작품의 성공이 결정되기 시작했다. 매년 공연할 연극을 미리 정해두는 방식에서 인기 배우를 중심으로 하는

첫 번째 영국 여성 배우

공식적으로 등장한 첫 번째 영국 여성 배우는 '마거릿 휴스(Margaret Hughes)'이다.＊ 그녀는 찰스 2세가 왕위에 오른 후 직업 배우로 무대에 올랐다. 1660년 12월 셰익스피어가 쓴 연극 '오셀로'에서 여주인공 '데스데모나'역을 맡았다. 찰스 2세는 1662년 '여성 배역은 반드시 여성 배우가 맡아야 한다'라는 칙령을 발표했다. 이후 여성 배우가 무대에 자주 등장했다. 1664년에는 전부 여성 배우만 나오는 연극을 상연하기도 했다.

마거릿 휴스 초상

＊ '앤 마샬'이라는 배우가 최초라고 주장하는 학자도 있다.

'스타 시스템'으로 변하기 시작했다. 스타 시스템은 인기 배우가 가장 잘 드러나도록 연극을 만들고 홍보하는 방식이다. 연극 제작에 돈을 투자하는 사람들은 스타 시스템으로 성공 가능성을 높였다.

배우가 연기하는 방식도 달라졌다. 18세기 이전까지 배우는 고대 그리스식 연기를 본받았다. 대사를 큰 소리로 노래하듯 과장해 연기했다. 시간이 흐르며 이 스타일은 점점 사라졌다. 대신 '리얼리즘 연기'가 등장했다. 리얼리즘 연기는 실제 생활하는 것과 비슷한 자연스러운 연기다. 18세기 말에는 극단과 연극 시스템이 오늘날과 비슷한 형태로 발전했다. 배우 직업도 함께 성장했다.

프랑스 극장과 연극

16세기 프랑스 연극도 종교 연극과 익살극으로부터 영향을 받았다. 프랑스 파리에는 '수난극 협회'라는 극단이 있었다. 상인이나 기술자 등 아마추어 배우가 활동했다. 왕은 수난극 협회만 파리에서 연극을 공연할 수 있도록 특권을 주었다. 이들은 주로 종교 연극을 공연했다. 1548년 수난극 협회는 '부르고뉴 호텔'이라는 극장을 지었다. 부르고뉴 호텔은 연극 전용 극장으로 프랑스 연극이 발전하는 데 이바지했다. 같은 해 프랑스 의회는 종교 연극을 금지했다. 대신 이탈리아에서 나온 코메디아 델라르테 같은 익살극을 공연하여 인기를 얻었다.

1634년 두 번째로 '마레 극장'이 생겼다. 부르고뉴 극장과 마레 극장은 경쟁 관계였다. 극장마다 늘 그 극장에서 연극을 공연하는 극단이 있

부르고뉴 극장 정면 그림

었다. 부르고뉴 극장에서는 '왕의 배우들'이라는 극단이 공연했다. 마레 극장에는 '마레의 배우들'이라는 극단이 있었다. 왕실에서 두 극단을 지원했다. 1680년 프랑스 왕 루이 14세는 두 극장을 하나로 합해 '코메디* 프랑세즈'를 만들었다. 코메디 프랑세즈는 세계 최초로 정부에서 운영하는 '국립 극장'이었다.

당시 프랑스에는 '라신', '몰리에르', '피에르 코르네유' 같은 뛰어난 극작가들 손에서 수많은 걸작 연극이 탄생했다. 프랑스 연극은 고대 그리스, 로마의 전통을 이어받았다. 이런 연극을 '고전주의' 또는 '신고전주의' 연극이라 부른다.

* 프랑스어 '코메디(Comédie)'는 극장, 극단, 연극을 뜻한다.

프랑스 극단과 배우들

17세기 프랑스 극단은 배우와 이익을 나누는 구조였다. 극단에서 봉급을 받는 배우도 있었고 여성 배우도 극단 파트너로 참여할 수 있었다. 코메디 프랑세즈에는 자체 극단이 있어서 뛰어난 배우가 많이 들어갔다. 극단과 이익을 나누는 배우는 20년 동안 계약했다. 이들은 거의 평생을 한 극단에서 연기했다. 이전까지는 배우가 되려면 영국처럼 극단에 들어가 단순한 역할부터 시작해야 했다. 1786년에 코메디 프랑세즈 소속 배우 학교인 '왕립 드라마 학교'가 문을 열었고 경력이 짧은 배우들은 여기서 연기를 공부하며 실력을 쌓았다.

1789년 프랑스 혁명으로 왕실이 무너지면서 코메디 프랑세즈로

코메디 프랑세즈, 18세기 그림

가던 지원이 끊겼다. 극장은 1793년에 문을 닫았고, 소속 배우들은 왕을 지지한 세력으로 몰려 감옥에 갇혔다. 극장은 혁명에 반대하는 사람을 재판하는 장소로 쓰였다. 1799년 나폴레옹이 권력을 장악한 다음에야 코메디 프랑세즈는 국가의 지원 아래 다시 문을 열었다.

다른 유럽 대륙 나라들 사정

이탈리아나 스페인은 영국과 프랑스와 비슷하게 발전했지만 그 외 다른 지역 사정은 좀 달랐다. 프로이센, 오스트리아 · 헝가리 제국, 러시아, 스칸디나비아 여러 나라 등지에서는 18세기 후반까지 배우와 연극이 별로 성장하지 못했다. 18세기 말에서야 국립 극장, 배우 학교, 도시를 대표하는 극단 등이 등장했다. 독일어를 쓰는 지역에는 1776년 등장한 '함부르크 국립 극장'이 유명했다. 독일 배우이자 극작가, 연출가인 '프리드리히 슈뢰더'

프리드리히 슈뢰더

가 함부르크 국립 극장을 운영했다. 그는 이전의 연극 스타일에서 벗어나 자연스러운 연기를 추구했다. 무대도 연기가 잘 조화되도록 꾸몄다. 일명 '함부르크 스타일'이 이때 생겨났다. 위대한 독일 문학가 '괴테'는 1791년부터 '바이마르 궁정 극장'을 책임졌다. 괴테는 배우가 지켜야 하는 규칙을 만들었다. 배우는 감정을 표현하기 위해 엄격한 형식을 지켜야 했다. 이를 '바이마르 고전주의'라 했다. 바이마르 고전주의는 19세기 독일 연극을 지배했다. 러시아는 1756년 국립 극장을 만들었다. 1779년에는 배우 학교도 등장했다.

높은 수준에 오른
근대 서양 연극

폭발적으로 성장하는 연극

19세기에 접어들며 산업과 경제가 발달했다. 통신과 철도 등 새로운 기술이 발전해 신문, 잡지 같은 미디어도 성장했다. 이런 변화 속에서 연극을 관람하는 관객도 늘어났다. 사람들은 더 많은 극장과 공연을 원했다. 그 요구에 맞춰 유럽과 미국에 많은 극단과 극장이 생겼다. 국가에서 지원하는 극장과 극단뿐 아니라 개인이 운영하는 극장과 극단도 많았다. 배우에게는 더 많은 출연 기회가 생겼고, 배우가 되려는 사람도 늘었다. 배우에게는 더 많은 출연 기회가 생겼고, 배우가 되려는 사람도 늘었다.

정부에서 허가받은 극장 수는 19세기에 빠르게 늘어났다. 프랑스 파리에는 1855년 기준 28개 극장이 관객을 모았다. 독일어 사용권 지역에는 정부에서 지원하는 극장 65개가 있었다. 여기서 일하는 배우에게는 국가가 급여를 주었다. 북아메리카 영국 식민지에는 극장과 극단이 몇 곳 없었으나 미국으로 독립한 다음 극단은 30개 이상으로 늘었다. 지방을 도는 작은 순회 극단도 여럿 생겨났다.

공연 방식 변화

스타 중심 공연이 미리 공연 목록을 정해두는 '레퍼토리' 방식 공연을 몰아냈다. 레퍼토리 공연은 실패할지 성공할지 미리 알기 힘들었다. 많은 관객을 불러올 스타를 앞세우면 성공 가능성이 커졌다. 이제 극단과 배우가 수익을 나누는 방식도 사라졌다. 대부분 극단에서 배우를 고용해 월급을 주었다. 극단은 배우에게 연극 공연 동안에만 월급을 주었다. 배우가 받는 돈은 레퍼토리 공연 때보다 늘었다.

철도와 도로가 유럽과 미국 전역을 연결하면서 배우뿐 아니라 연극 무대 시설, 의상, 도구를 편하고 빠르게 이동할 수 있었다. 순회공연이 편해지고 질도 높아졌다. 큰 도시에 자리 잡은 유명한 극단이 전국 어디에서나 공연했다. 스타 배우도 직접 나섰다. 그 결과 지방 극단은 점점 설 자리를 잃었고 19세기 말에는 거의 자취를 감췄다. 런던, 파리, 뉴욕 등 대도시에 극단과 배우가 몰리기 시작했다. 큰 연극에서 중요한 역할을 맡기에는 대도시가 유리했다. 배우는 대도시에서 기회를 찾았다. 지방 극단은 20세기 후반이 되어서야 되살아났다.

교육 방식 변화

정식 배우 학교가 곳곳에 세워져 도제식 교육을 대신했다. 1884년에 하버드 대학교 교수 '프랭클린 사전트'는 미국 뉴욕에 '미국극예술아카데미 **AADA**'를 세웠다. 이 학교는 매년 젊은 신인 배우를 길러냈다. 1974년에는 캘리포니아 패서디나에 두 번째 캠퍼스를 만들었다.

1904년에는 영국 런던에 '왕립연극학교 **RADA**'가 문을

오늘날 뉴욕에 위치한 미국극예술아카데미의 전경
ⓒDanHanDan

열었다. 배우, 감독, 무대 미술, 의상 등을 가르친다. 20세기 초부터는 여러 대학교에서 연극과 연기를 가르치는 학과를 만들어 학생을 가르치기 시작했다.

송나라에서 청나라 왕조 시대
중국 희곡과 배우

발전하는 공연

송나라 때는 농업과 상업이 발전했다. 도시도 성장해 오락을 즐기는 사람도 늘어났다. 사람이 붐비는 시장에는 각종 오락 시설이 모여 있는 '와사'*가 생겨났다. 여러 상영관에서 각각 다른 영화를 상영하는 '복합상영관(멀티플렉스 극장)'과 비슷하다. 와사에는 무대와 관람석을 갖춘 개별 공연장인 '구란'이 있었다. 공연 예술인들은 구란에서 춤과 노래, 이야기, 곡예, 무술 시범, 인형극, 그림자극 등 각종 공연을 펼쳤다. 당나라 때 발전한 골계희도 '잡극'이라는 이름으로 성행했다. 잡극에 춤과 노래, 묘기 등이 합쳐져 '희곡'으로 발전했다.

* 와사를 사람이 모이는 상설 시장으로 보는 학자도 있다.

송나라 극장 무대인 구란

송나라는 거란족이 세운 금나라에 밀려 중국 남쪽으로 밀려났다. 이 시기의 송나라는 남쪽에 자리했기에 '남송'이라 부른다. 남송에서는 '남희'라는 희곡이, 북쪽 금나라에서는 '잡극'이라는 희곡이 번성했다.

남희와 잡극

송나라가 금나라를 피해 남쪽으로 도망가기 직전인 12세기 초, 저장성 온주에서 희곡 '남희'가 공연되기 시작했다. 1260~1270년대에는 각지로 퍼졌다. 남희는 소박한 민간 연극에서 출발했다. 형식도 투박하고 느슨했다. 남희에는 남부 지방에서 유행하는 음악인 '남곡'을

명응왕 사당 벽화를 다시 그린 그림 속 분장한 잡극
배우와 악기를 든 악공 모습이다.

사용했다. 남곡은 느리고, 구성지고, 부드러운 음악이었다. 남희는 줄거리가 탄탄했다. 배우들은 역할에 맞는 의상을 입고 분장하여 등장인물간의 복잡한 관계를 연기했다. 제대로 완성된 '희곡'이었다.

잡극은 금나라와 뒤를 이어 몽골이 세운 원나라를 중심으로 발전했다. 잡극은 12세기 후반~13세기 초반에 완성되어 원나라의 수도 '대도(현재 베이징)'에서 전성기를 누렸다. 대도는 세계적인 대도시였다. 귀족은 사치스러운 생활을 하며 각종 오락을 즐겼다. 백성들도 즐길 거리를 찾았다.

원나라는 과거 제도를 없앴고 유학을 공부한 사람을 천대했다. 유학자들은 먹고살기 위해 작곡하고 대본을 썼다. 덕분에 당시 사회생활을 생생하게 드러내는 뛰어난 작품이 많이 나왔다. 잡극은 북부 지역을 넘어 중국 전체에서 유행했다.

체계적인 배역과 분장

권력자를 놀리는 연극 참군희는 7세기부터 유행하여 몇 세기가 지나도록 여전히 남아 있었다. 참군희는 배우가 맡는 역할을 뚜렷이 나누었다. 참군희에는 바보짓을 하며 놀림당하는 '참군'과 참군을 놀리는 '창골'이 등장한다. 시간이 지나며 역할을 더 자세히 나눴는데, 이처럼 배우의 역할을 나누는 것을 '각색'이라 했다. 원나라 잡극은 각색을 제대로 적용했다. 남성 배역인 '말', 여성 배역인 '단', 특수 배역인 '정'으로 구분했다. 말, 단, 정 안에서도 세밀하게 나누었다. 남자 주인공은 '정말', 남자 조연은 '부말', 노인 남성은 '노말', 청소년은 '소말'이었다. 여성 주인공은 '정단', 나쁜 여자 역은 '차단', 귀엽고 밝은 여성은 '화단'으로 구분했다. 정은 나쁜 짓을 하거나 웃기는 역할이었다.

배우의 무대 의상과 분장 체계도 잡히기 시작했다. 배우는 배역에 어울리는 옷을 입고 분장했다. 명응당 사당 벽화에서 가운데 서 있는 주인공은 얼굴을 희게 칠하고 붉은 관복(관리가 입는 옷)과 관모(관리가 쓰는 모자)를 썼다. 왼쪽에는 알록달록한 옷을 입고 가슴을 드러낸 배우가 있다. 이처럼 역할에 따라 얼굴을 화장하는 색과 방식이 달랐다. 배우가 맡은 인물이 극 중에서 성장하거나 지위가 오르면 의상과 분장도 그에 따라 바꿨다.

다시 흥하는 남희와 새로 등장한 명나라 전기

남희는 잡극에 눌려 원나라 때는 빛을 보지 못했다. 주원장이 원나라를 몰아내고 명나라를 세운 다음 남희가 성장했다. 남희는 잡극의 장점을 흡수해 음악, 구성, 각색, 연출 등 형식과 내용 모두 발전했다.

16세기 무렵에 남희를 이어받은 '전기'라는 희곡 형식이 등장했다. 원래는 기이한 내용을 다룬 소설을 '전기'라 했다. 전기는 남희보다 훨씬 세련되었다. 명나라 유학자나 문인들도 전기 창작에 참여했다. 명나라 황족이나 귀족들도 전기를 좋아했다. 전기는 청나라 때까지 유행했다.

16세기 중엽 장쑤성 '쿤산' 지역에 살던 음악가 '위량보'는 전기에 사용하는 음악을 개량해서 '곤곡'이라는 새로운 음악을 만들었다. 곤곡은 우아하고 장중했다. 모든 전기에서 곤곡을 사용하기 시작했다. 곤곡은 19세기 초까지 희곡 음악을 지배했다. 2001년 유네스코는 곤곡을 '인류 구전 및 무형 유산 걸작'으로 선정했다.

전기가 쇠퇴하고 지방희가 발전하다

1636년 만주족이 세운 청나라는 명나라를 몰아내고 중국을 지배했다. 청나라에서도 처음에는 전기와 곤곡이 희곡을 주도했다. 하지만 전기는 점점 백성보다는 지배층과 귀족이 좋아하는 내용을 담았다. 민중은 전기를 멀리하기 시작했다.

각 지방마다 그 지역 사투리와 음악을 중심으로 만든 희곡이 흥성했다. 이런 희곡을 '지방희', 또는 '화부희'라 한다. 지방희는 대중이 좋아하는 취향을 담아 인기를 끌었다. 18세기 청나라는 사회와 정치가 안정되고 경제도 발전해 전성기를 맞았다. 사람들은 오락거리를 찾았고 희곡은 늘 인기 있었다. 관객이 늘자 지방마다 특색 있는 희곡을 공연하는 극단도 늘어났다. 극단은 사람이 많이 모이는 시장에서 주로 공연했다. 극단은 장사하는 사람들과 함께 각 도시를 돌아다니며 지방희를 공연했다.

베이징을 중심으로 발전한 경극

19세기 초 중국 인구는 2억 명에 달했다. 베이징은 원나라 때부터 중국 수도였다. 정치와 경제의 중심지인 베이징으로 많은 사람이 몰려들자 희곡 공연도 늘어났다. 베이징 주민은 일상적으로 희곡을 관람했다. 지식인뿐 아니라 일반인도 희곡을 즐겼다. 각종 모임이나 단체에서 극단을 초청해 공연을 열었다.

청나라 건륭제(1711~1799) 때 지방희가 베이징으로 들어오기 시작했다. 황제나 황후, 혹은 황태후 생일이 돌아오면 황실은 큰 잔치를 벌였다. 많은 지방 극단이 베이징으로 몰려들어 축하 공연을 했다. 1790년 건륭 황제 80세 생일을 축하하기 위해 '양저우'에서 활동하던 '삼경반'이라는 극단이 베이징에 올라왔다. 축하 공연이 끝나고도 삼경반은 돌아가지 않고 베이징에서 공연을 계속했다. 삼경반 공연은 음악이 다양하고 내용이 풍부해서 곧 큰 인기를 얻었다.

이후에는 '안후이성'에서 활동하던 지방 극단이 베이징으로 올라와 베이징 공연을 휩쓸었다. 1830년에는 후베이성 출신 배우들이 베이징에서 활약했다. 지방 극단들은 '피황'이라는 새로운 음악을 들고 왔다. 이들 활동을 토대로 중국 희곡을 대표하는 '경극'이 탄생했다. 사람들은 경극을 좋아했다. 극본도 많이 나와 800여 편이나 되었다. 내용도 희극, 비극, 정치, 전쟁 등으로 다양했다. 하루에 공연이 끝나기도 했지만, 사나흘, 길게는 열흘 동안 계속 이어지는 경극도 있었다.

경극 배우와 연기

배우는 일정한 규칙에 따라 연기했다. 기본 연기법은 노래, 낭송, 동작, 무예였다. 무예 실력을 발휘하는 전투 장면에서도 어떻게 행동하는지 미리 정해져 있었다. 경극은 배우 역할을 더 구체적으로 나누

경극 역할을 그린 그림, 왼쪽부터 생, 단, 정, 축(메트로폴리탄 미술관)

었다. '생', '단', '정', '축' 네 종류 배역이 있었다.

'생'은 남자 배우다. 나이와 신분에 따라 '노생', '소생', '무생' 등으로 구분했다. 노생은 나이 든 남자로 주인공 역할이 많았다. 소생은 청년, 무생은 무술에 능한 청장년 역할이었다.

'단'은 여자 배역이다. '정단'은 젊거나 중년 여성이다. 푸른 바탕 옷을 입어 '청의'라고도 했으며 노래 실력이 중요한 역할이었다. '화단'

경극에 사용하는 얼굴 화장, 검보

경극 무대에 오르는 배우는 빨강, 흰색, 노랑, 검정 등 다양한 색으로 온 얼굴을 칠한다. 이런 화장을 '검보'라 한다. 당나라 이전까지 배우는 가면을 쓰고 연기했다. 하지만 가면을 쓰면 다양한 표정을 보일 수 없었다. 점점 가면을 쓰는 대신 화장하기 시작했다. 검보는 화장 형태와 색으로 인물 특징을 나타낸다. 붉은색은 용기와 충성, 검은색은 정직과 솔직, 노란색은 음흉과 난폭을 의미한다. 파란색이나 초록색은 강직함, 용맹, 고집을 상징한다. 흰색은 음흉하고 간사한 사람이란 뜻이다. 삼국지에 나오는 인물로 보면 '관우'는 붉은색, '장비'는 검은색, '조조'는 흰색으로 칠한다. 검보는 '정' 역할에 제일 중요하다.

검보를 칠한 경극 배우, Pixabay

은 명랑하고 쾌활한 젊은 여성이다. 무예 솜씨와 말솜씨가 필요했다. '무단'은 무예에 능한 여성이고 '노단'은 늙은 여성이다. '채단'은 교활하고 재치 있는 여성 역할이었다.

'정'은 강렬한 성격을 가진 호탕하고 용맹한 인물이다. 장군, 무사, 영웅, 재판관, 충신 등이다. 정 역할을 하는 배우는 풍채가 당당하고 목소리가 굵었다. 얼굴 화장도 과하게 해서 분위기가 웅장하고 위압적이었다.

'축'은 코와 눈 사이에 흰색 동그라미를 그린다. 선량하고 유머가 있는 인물, 간악하고 비열한 인물도 있다. 노래보다는 대사가 중요했으며 다른 배역보다는 자유롭게 연기할 수 있었다.

훌륭한 배우는 정해진 규칙을 따르면서도 저마다 특색 있는 연기를 펼쳤다.

극단과 배우

극단을 운영하는 사람은 매년 배우와 음악가, 다른 공연 관계자를 고용했다. 고용 기간은 대개 1년이었다. 계약을 마치면 '포은'이라는 급료를 지급했다. 극단 소속 배우는 주연이나 조연이나 받는 돈이 크게 다르지 않았다. 배우 사이 지위도 거의 비슷했다. 포은 말고도 공연이 끝날 때마다 보너스 격으로 '차전'을 지급했다. 차전은 포은으로 받는 돈의 1% 정도였다. 급여가 300만 원이라면 공연 끝날 때마다

3만 원씩 준 셈이다. 차전은 요즘 말로 하면 '교통비'라는 뜻이었다.

배우는 극단과 한번 계약하면 정해진 조건으로 계약 기간을 마쳐야 했다. 함부로 그만둘 수 없었다. 다른 극단에 가서 공연하면 벌을 받았다. 계약을 위반한 배우는 모든 극단이 고용하지 않았다. 유명한 배우는 포은 방식을 싫어했다. 이름나도 특별히 돈을 더 벌지 못했기 때문이다. 경극이 인기를 끌면서 인기 배우는 더 많은 돈을 원했다.

청나라 말기 '포은제'는 '회분제'로 바뀌었다. 공연이 끝나면 그날 번 돈을 배우와 비율을 정해 나누는 방식이 '회분'이다. 배우마다 나누는 비율이 달라졌다. 인기 배우는 더 많은 몫을 받았다. 회분제가 퍼지면서 극단도 변했다. 배우 사이에 명성과 수입이 크게 차이가 났다. 극단은 돈을 더 주더라도 유명 배우를 불렀다. 관객을 끌 때도 배우를 앞세웠다. 자연스럽게 극단은 유명 배우 중심으로 돌아갔다. 광고에도 유명한 순서대로 배우 이름을 썼다. 제일 인기 많은 배우 이름이 맨 아래 들어갔다. 극단을 아래에서 떠받친다는 뜻이다. 주로 예명*으로 활동하던 배우들이 본명을 쓰기 시작한 것도 이때부터였다.

---

* 배우, 가수, 모델 등 예능인이 활동하면서 쓰는 이름

배우 지위 변화

전통적으로 중국에서 배우는 천한 직업이었다. 명, 청 시대 배우는 과거 시험을 치를 수 없었다. 인기 배우라도 풍족하게 살지 못했다. 청나라 말기가 되면 배우도 지위가 올라갔다. 황실에서 자주 배우를 불러 공연을 열었다. 황실 사람들은 마음에 드는 배우에게 상금을 주었다. 황실에서 공연한 배우는 사회적으로도 신분이 높아졌다. 귀족이나 관리도 이런 배우들과 교류하고 싶어 했다.

상하이 등 도시에서 베이징 출신 유명 배우를 초청하기도 했다. 상하이에서는 베이징에서보다 배우에게 더 많은 돈을 주었고 대접도 후했다. 그래서 대우가 좋은 지방으로 터전을 옮기는 배우도 많았다.

사람들은 유명 배우와 친해지고 싶어 했다. 회분제가 자리 잡으며 인기 배우는 돈도 많이 벌었다. 이들은 자기 연기를 돋보이도록 하는 조연 배우, 악사, 연출가 등을 개인적으로 데리고 다녔다. 이를 '명각도반제'라 한다. 서양 극단이 레퍼토리 중심에서 스타 시스템으로 변한 것과 흡사하다.

고려 시대부터 조선 시대
우리 연극과 배우

불교 행사와 나례

고려는 불교를 숭상했다. 고려를 세운 태조 왕건은 자손들을 훈계하는 글,「훈요 10조」를 남겼다. 제6조에서 "나의 소원은 '연등'과 '팔관'에 있는 바, 연등은 부처를 제사하고, 팔관은 하늘과 5악·명산·대천·용신 등을 봉사하는 것이니, 후세의 간신이 신위와 의식 절차의 가감을 건의하지 못하게 하라."라고 남겼다. 고려는 국가 행사로 연등회와 팔관회를 개최해 국가와 왕실이 평안하기를 기원했다. 연등회와 팔관회는 호화롭고 규모가 커서 나라 살림이 어려워질 정도였다. 연등회와 팔관회에서는 각종 춤, 노래, 놀이가 어우러진 가무백희를 공연했다.

나례 의식에 사용한 방상시 탈
(국립중앙박물관)

궁중에서는 매년 음력 섣달그믐(12월 31일)날 나쁜 귀신을 몰아내는 '나례' 의식을 거행했다. 원래 중국에서 들어온 풍속이다. 12세에서 16세 사이 소년을 뽑아 가면을 씌우고 붉은 옷을 입혔다. 창과 방패, 몽둥이, 깃발을 든 소년은 북을 치고 나팔을 불며 궁중을 돌았다. 처용 탈을 쓰고 춤을 추어 삿된 기운을 몰아냈다. 지방 관청에서도 나례 의식을 행했다. 조선 시대까지 나례 의식을 계속했다.

가면극과 인형극

고려 시대에도 각종 잡희가 유행했다. 연등회와 팔관회 같은 행사에서는 가면을 쓴 배우가 연기하는 가면극을 공연했다. 팔관회에서 전쟁 중에 위기에 빠진 왕건을 구하고 목숨을 잃은 '신숭겸'과 '김락' 두 장군을 기리는 가면극을 했다. 고려 16대 왕 예종은 이 연극을 보고 '도이장가(두 장군을 추도하는 노래)'를 지었다.

고구려 인형극도 고려 시대까지 이어졌다. '만석중놀이'가 대표적인 인형극이다.* 부처님 오신 날 앞뒤로 절에서 공연했다. 글을 모르는 사람에게 부처님 말씀을 쉽게 전하기 위해 만들었다. 만석중놀이에는 사람 모양의 나무 인형인 '만석'과 잉어, 용, 사슴, 노루 등 종이로 만든 인형이 등장한다. 대사 없이 음악에 따라 인형이 움직이며 불

---

* 조선 시대에 등장했다는 주장도 있다.

교 윤회 사상이나 교훈을 표현했다.

고려 시대 무대와 공연

팔관회, 연등회 같은 큰 행사는 임시로 무대를 설치했다가 행사가 끝나면 철거했다. 이 무대를 '부계'라 한다. 부계는 평평한 공간으로 보통 3층이었다. 부계 아래 넓은 마당은 '전정'이다. 무대에는 산 모양을 본뜬 장치인 '채붕', 또는 '산대'를 놓았다. 궁궐이나 사원, 거리 등 큰 잔치가 벌어지는 장소에 무대를 만들고 산대를 설치했다. 여기서 예인들이 공연했다. 이를 통틀어 '산대잡희', '산대잡극'이라 한다. 외국 사신을 맞이할 때도 산대잡희가 빠지지 않았다. 춤과 노래에서부터 불꽃놀이까지 다채로웠다. 배 위에 산대를 설치하고 공연하기도 했다.

무대 위인 부계에서는 주로 궁정 소속 예인들이 춤과 노래를 공연했다. 1층, 2층, 3층마다 동시에 공연을 펼쳤다. 부계 아래 마당 전정에서는 불꽃놀이, 줄타기 등 넓은 공간이 필요한 재주를 선보였다. 전정은 민간 소속 배우가 주인공이었다. 배우들은 줄지어 큰길을 따라 걸어가며 공연하기도 했다. 움직이며 하는 공연을 '행렬 잡희'라고 했다. 말 그대로 열 맞춰 행진하며 펼치는 공연이란 뜻이다. 행렬 잡희는 많은 사람이 관람할 수 있었다.

고려 시대 배우

우인, 광대, 희자, 재인, 창우, 영인, 수척 모두 배우를 부르는 이름이었다. 가면극 배우는 '광대'라 했다. '창우'는 노래를 주로 불렀고 '영인'은 악기를 연주했다. '우인'과 '재인'은 공연을 연출하는 사람이었다. '수척'은 변경 지역 등에서 소일거리로 생계를 이어가다가 때때로 행사에 참여해 공연했다. 광대, 창우, 재인 등은 이름을 특별히 구분하지 않았다.

여러 이름 중 공연 예술 배우를 대표하는 익숙한 이름은 '광대'다. 광대는 마을을 이루어 함께 살았다. 그 마을의 관청은 광대 명단을 가지고 있다가 팔관회, 연등회, 산대희 등 큰 행사가 벌어지면 수백 명을 동원했다.

승려 신분으로 무대에 오르는 사람도 있었다. 이들을 '재인승'이라

조선 화가 김준근이 그린 승려가 수륙재를 지내는 모습, 재인 승은 조선 시대까지 이어졌다.(국립민속박물관)

했다. 절에서 열리는 행사에는 재인승이나 절에 속한 노비 등이 출연했다. 겉으로는 승려 행세를 하면서 민간에서 악기를 연주하고 공연하러 다니는 사람도 있었다.

나라에서 훈련받은 배우도 있었다. 고려는 궁궐에 '교방'을 두었다. 교방에서는 여성을 선발해 춤과 노래, 연기를 가르쳤다. 이들을 '교방여기', 또는 '교방여제자'라 했다. 교방여기는 국가에서 주관하는 행사에 출연했다.

배우는 천인 신분이었다. 민간 배우는 공연 외에도 다른 일을 해서 생계를 꾸려야 했다. 궁중 소속 배우는 형편이 나았다. 그중에서도 임금 앞에서 공연하는 배우는 좋은 대접을 받았다. 이 모습을 보고 유명한 문장가 이규보는 "어리석은 선비는 창우만도 못하다."라고 읊었다.

조선 건국과 공연

조선은 고려와 달리 불교를 억압했다. 팔관회와 연등회 같은 불교 행사를 없애고 나라에서 제사 지내는 규칙을 정해 따르게 했다. 관청에서 허가하지 않거나 규칙에 어긋나는 제사는 '음사'라 했다. 음사를 금지하고 단속했다. 종묘*와 사직**에 올리는 제사는 국가 행사였다. 가뭄, 홍수 같은 천재지변처럼 나라에 큰일이 생기면 종묘와 사직에 제사를 올렸다. 매년 정해진 날에는 사직에 제사를 올려 국가와 민

---

*   조선 왕조의 역대 국왕과 왕후 신주를 모시고 제사를 지내는 유교 사당.

**   '사'는 토지신이고 '직'은 곡식을 관장하는 신이다. 왕이 '사'와 '직'에게 지내는 제사, 또는 장소가 '사직'이다.

생이 평안하기를 빌었다.

외국 사신을 만나는 일도 국가적으로 큰 행사였다. 이런 행사에는 채붕과 산대를 설치하고 각종 오락과 공연을 펼쳤다. 국가 행사에서 산대 설치는 '산대도감'이라는 기구에서 담당했다. 산대도감은 무대 설치에 필요한 재료를 구하고 인력을 동원했다.

새로운 왕이 즉위할 때, 왕이 지방을 살펴보고 돌아올 때도 큰 행사를 열었다. 지방 수령이 부임하거나 과거 급제자를 축하할 때도 여러 공연을 펼쳤다. 공연 내용은 고려 시대 때와 비슷했다. 처용무, 동물 가면극, 땅재주 넘기, 사람 어깨를 밟고 서서 춤추기, 줄타기, 나무 타기, 말 타고 부리는 묘기, 학을 흉내 낸 춤 등을 공연했다.

마을 사람들이 보는 민속극이 많아지다

임진왜란은 조선에 큰 피해를 주었다. 농지는 황폐해지고 백성은 궁핍해졌다. 나례 같은 연말 행사와 각종 잔치는 사라졌다. 전쟁이 끝나고 광해군 때 행사와 잔치가 잠시 살아났지만, 광해군을 몰아내고 왕이 된 인조는 모든 행사를 중지했다. 조정과 민간에서 잔치와 놀이는 점점 줄었다. 잔치에 필요한 채붕을 설치할 때 막대한 돈과 인력이 들었기 때문이다. 무려 천 명이 넘는 인부와 곡식이 필요했으며 전국 각지에서 살아있는 동물을 바쳐야 했다. 조선 중기부터 채붕, 산대를 간소화했고 영조, 정조 시대 이후에는 채붕과 산대 관련 기록이 사라졌다. 이를 바탕으로 당시 채붕과 산대는 없어졌다고 추정한다.

　국가에서 여는 대형 공연이 없어지면서 광대와 배우는 일거리를 잃었다. 이들은 끼리끼리 패를 지어 전국을 떠돌았다. 마을을 돌며 재주를 보여주고 생계를 유지했다. 줄타기, 땅재주, 공 던지고 받기(저글링), 입으로 불 뿜기, 인형극, 골계희, 탈춤 등을 공연했다.

탈춤이 발전하다

　가면을 쓰고 춤을 추고 연기를 하는 공연은 고구려 때부터 전해졌다. 조선 시대에 들어와 내용과 형식이 갖추어진 민속 탈춤으로 발전했다. 탈춤은 풍자와 해학으로 그 시대 백성들의 삶을 표현했다. 지역마다 특색 있는 탈춤이 있었다. 양주에는 '별산대놀이', 해주 지역 '강령탈춤', 경남 지역 '오광대놀이' 경북 안동 하회 지역 '별신굿', 함경남도 북청 '사자 탈춤'이 유명하다. 누가 각본을 썼는지는 알 수 없다. 대사보다는 동작이 중요했다. 상스러운 대사와 익살스러운 동작을 펼쳤고 유행하는 노래도 불렀다. 중요 배역은 파계승, 몰락한 양반, 무당, 하인 등 가난하고 천한 사람이었다. 이들이 가진 한을 웃음에 담아 표현했다. 탈춤 배우는 가면을 쓰고 의상을 갖추고 연기했다. 간단

경북 안동 하회별신굿 탈놀이에서 쓰던 탈,
국보 제121호(국립중앙박물관)

한 도구도 사용할 때도 있었다.

　연기하는 배우는 대개 지위가 낮은 천민 계층이었다. 농촌 마을에서는 그 마을에서 제일 천시 받는 사람이었다. 서울에서는 같은 배우끼리 함께 모여 살았다. 서대문 녹번리(현재 녹번동)와 애오개(아현동)가 이들이 모여 사는 동네였다. 천민이 아닌 배우도 있었다. 봉산 지역에서는 천민 신분이 아닌 하급 관리나 상인이 배우로 출연했다. 벼슬 못하고 놀고먹는 지방 양반도 탈춤 배우로 활동하기도 했다.

꼭두각시극

　사람이 조종하는 나무 인형을 '꼭두'라 한다. 꼭두로 벌이는 인형극이 꼭두각시*극(또는 꼭두각시놀음)이다. 꼭두각시극을 공연할 때는

기둥을 세우고 무대 아래에 검은 포장을 둘러쳤다. 포장 안에는 '대잡이'라고 하는 인형을 조정하는 사람이 숨었다. 대잡이는 무대 아래에서 인형의 하반신을 잡고 인형 관절이나 입에 매

꼭두각시놀음 인형

＊ 각시는 아내를 달리 이르는 말이다.

어둔 실을 당겼다 풀면서 자연스럽게 움직였다. 관객은 인형의 상반신만 볼 수 있었다. 무대 앞에서는 악사가 장구, 피리, 북을 연주하면서 대잡이와 대사를 주고받았다. 꼭두각시극은 보통 밤에 모닥불을 피워 놓고 공연했다. 관객은 어두워 실을 볼 수 없었다. 그래서 마치 인형이 스스로 움직이는 것처럼 보였다. 꼭두각시놀음에는 주인공 박첨지와 박첨지 부인인 꼭두각시가 등장한다. 박첨지는 양반과 상민 중간쯤 되는 신분이다. 꼭두각시놀음에서는 어지러운 세상과 사회 제도를 비꼬고 지배 계층을 풍자하고 조롱한다. 꼭두각시놀음 공연 배우는 2~4명이 짝을 이뤄 전국을 유랑했다. 시골 장터나 주막에 임시로 무대를 만들어 공연했다.

유랑 광대 사당패

무리를 지어 떠돌아다니며 재주를 보이고 춤과 노래, 연희를 펼치던 광대로 '사당패'가 있었다. '사당'은 승려가 아니면서 절에서 생활하는 여성을 부르는 이름이다. 남성은 '거사'라 했다. 사당패 공연에서는 여성 공연자인 사당이 앞에 나서 노래 부르고 춤을 추었다. 거사는 북을 쳐 장단을 맞춰 여자 공연자를 보조했다. 때로 사당이 부르는 노래를 받아 부르거나 염불을 외우기도 했다. 사당패를 이끌어 공연을 기획하는 사람을 '모갑'이라 했다. 보통 사당과 거사는 짝을 이뤄 일했다. 사당패 구성원이 항상 같지는 않았다. 모갑은 공연을 준비하

사당패가 공연하는 모습을 묘사한 그림, 기산 김준근 作(국립민속박물관)

고 그때그때 필요한 사당과 거사를 불러 모았다. 사당이 번 돈은 거사
와 모갑이 나눠 가졌다. 조정에서는 풍속을 해친다고 사당패를 없애
려 했다.

사당패 대신 남사당패가 등장

19세기 후반이 되면 사당패는 점차 자취를 감추었다. 대신 남자만
으로 구성된 사당패가 등장했다. 사당패와 구분해서 '남사당패'라 한
다. 사당패는 주로 노래를 불렀지만, 남사당패는 여섯 가지 놀이를 공
연했다. 풍물(농악), 버나(대접돌리기), 살판(땅재주), 어름(줄타기), 덧
뵈기(탈놀음), 덜미(꼭두각시놀음)이다.

남사당패는 규모
가 컸다. 여섯 놀음
마다 전문 공연자가
있었다. 전체 인원이
50여 명에 달했다.
남사당패는 '꼭두쇠'
가 이끌었다. 그 아

안성 남사당 풍물놀이(한국민족문화대백과사전)

래 '곰뱅이쇄'가 꼭두쇠를 도왔다. 여섯 놀음마다 '뜬쇠'라는 공연 책
임자가 있었다. 뜬쇠는 일반 공연자인 '가열'을 거느렸다. 제일 아래
에서 잔심부름하고 시중드는 아이를 '삐리'라 했다. 삐리는 재주를 익
히면 '가열'이 된다. 가열이 되기 전까지는 여자 옷을 입고 다녔다.

남사당패 광대 사이에도 서열이 있었다. 노래하는 사람인 소리광
대가 제일 위고 그다음이 악공이었다. 땅재주 등 묘기 부리는 사람이
제일 아래였다. 남사당패 삐리는 우선 노래를 배웠다. 소질이 없으면
악기를 배우고, 악기도 못하면 재주를 배웠다.

남사당패는 마을마다 돌며 공연했다. 공연하려면 먼저 허가를 받
아야 했다. 남사당패는 마을에서 잘 보이는 장소를 골라 먼저 흥겨운
놀이판을 벌였다. 그 후 곰뱅이쇄가 마을 유지를 만나 허락을 청했다.
공연 허가받기가 쉽지는 않았다. 열 군데 마을을 들리면 세 군데 정도
에서 허락했다고 한다. 허락받으면 "곰뱅이 텄다!"라고 외쳤다. 남사

당패는 우선 풍악을 울리며 마을을 한 바퀴 돌았다. 그다음 넓은 마당에 멍석을 깔아 무대와 줄타기 묘기를 위한 장치를 설치했다. 보통 여섯 마당을 풍물 – 버나 – 살판 – 어름 – 덧뵈기 – 덜미 순서로 공연했다. 멍석 주위로 마을 사람들이 둘러앉아 구경했다. 관람객에게 따로 돈을 받지 않았다. 대신 마을에서는 남사당패에게 잠자리와 먹을 것을 주었다. 남사당패는 20세기 초까지 남아 있었다.

판소리가 유행하다

잔치나 굿판이 벌어지면 광대는 춤, 노래, 재주, 묘기 등 여러 놀이를 펼쳤다. 이 중에서 노래와 재치 있는 말을 섞은 공연이 따로 떨어져 나왔다. 이를 '판소리'라 했다. '판'은 여럿이 모인 장소를 말하고, '소리'는 노래를 뜻한다. 판소리는 노래 부르고 말하는 '소리꾼' 한 명이 무대에 오른다. 무대 옆에는 북으로 장단을 맞추는 '고수(북재비)'가 자리 잡는다. 고수는 흥을 돋우기 위해 틈틈이 '얼쑤!', '좋다!' 같은 말을 섞는다. 소리꾼이 하는 노래를 '소리', 말을 '아니리', 몸짓 연기를 '발림'이라 한다. 고수가 하는 말은 '추임새'이다. 판소리를 공연 대본은 '사설'이라고 한다. 사설은 이야기, 등장인물, 노래와 대사, 몸짓, 장단 등을 글로 엮은 것이다.

판소리는 처음에는 백성들 사이에 인기를 끌었으나 점차 양반 사대부들도 즐기게 되었다. 서민적인 우스갯소리 대신 양반도 공감할

판소리 명창 모흥갑의 공연 모습이 묘사된 〈평양감사부임도〉(서울대학교 박물관)

수 있는 내용이 살아남았다. 대사도 유식한 한문 말투가 늘었다. 노래도 복잡하고 세련되게 바뀌어 갔다.

명창과 고수

판소리에 나오는 소리꾼은 다른 광대에 비해 좋은 대접을 받았다. 도포 차림에 큰 갓을 쓰고 공연했다. 판소리를 잘하는 소리꾼을 '판소리 명창'이라 한다. 판소리 명창은 사방에서 모셔가는 스타였다. 19세기 초에는 뛰어난 여덟 명창이 나왔다. '전기 팔명창'이라 한다. 이들은 판소리 음악 발전을 이끌었다.

명창이 활동한 지역을 중심으로 다른 음악적 특성이 전해졌다. 판소리에서는 이를 '제'라 부른다. '학파'와 비슷하다. 전라도 동쪽, 북쪽 지역에는 '동편제', 전라도 서남 지역에는 '서편제', 경기도, 충청도 지역에는 '중고제'가 있다. 19세기 후반에는 '후기 팔명창'이 등장해 판소리를 최고 수준으로 올렸다.

판소리는 소리꾼과 고수 두 사람이 꾸미는 무대다. 고수는 명창 못지않게 중요했다. 고수는 북을 쳐 소리가 빨라지거나 느려지지 않게 박자를 맞추었다. 관객과 소리꾼 사이에서 공연 분위기를 돋우었다. 가끔 소리꾼이 대사를 잊어버리면 슬쩍 알려주기도 했다. 고수는 엄격한 수련을 받으며 판소리 법칙을 익혔다. '일고수 이명창'이란 말이 있다. 첫째가 고수이고 명창은 두 번째라는 뜻이다. 그만큼 고수는 판소리 공연에서 중요한 역할을 했다. 처음에는 고수로 시작해서 명창으로 이름을 날린 사람도 있다.

판소리를 다듬고 후원한 사람

소리꾼이나 고수가 아니면서 판소리를 발전시킨 사람들이 있다. 이들은 판소리 공연과 소리꾼, 고수를 경제적으로 지원했다. 이들은 판소리 사설을 정리하고 다듬고 음악을 고쳐 공연 완성도를 높였다. 판소리를 배우는 후학도 양성했다. 대표적인 사람이 '신재효'이다.

신재효는 1812년 전라북도 고창의 부유한 중인 집안에서 태어났다. 신재효는 고창 고을 아전으로 일하며 물려받은 재산을 기반으로 큰돈을 벌었다. 그는 그때까지 전해지던 판소리 사설을 다듬었다. 내

당시 여성 소리꾼은 대부분 노래로 술자리 흥을 돋우는 '기생'이었다. 신재효는 과감히 여성 제자를 받아 가르치고 이들 활동을 후원했다. 재능 있는 제자는 기생 명부인 '기적'에 오르지 않도록 힘을 쓰기도 했다. 생활이 어려운 여성 제자는 경제적으로 지원했고 공연 기회도 만들어 주었다.

우리나라 첫 여성 판소리 명창으로 이름을 알린 사람은 '진채선'이다. 진채선은 어머니가 천한 신분이었던 무당이라 기생으로 끌려가기에 십상이었다. 그녀는 신재효 밑에서 판소리를 배웠다. 그 후 명창으로 유명해져 궁궐에서까지 공연했다고 한다. 진채선을 이어 여러 여성 명창이 나왔다.

용을 고치기도 하고 음악도 바꾸었으며 판소리 중요 장면을 만들기도 했다. 그때까지 전해지던 판소리를 '춘향가', '심청가', '흥보가', '적벽가', '변강쇠가', '수궁가' 여섯 마당* 으로 체계를 잡았다.

신재효는 뛰어난 소리꾼을 모아 후원했는데 교육자로도 두각을 나타냈다. 유명한 명창이 신재효 아래에서 여럿 탄생했다. 여성 명창도 교육하고 후원했다. 소리꾼들은 신재효를 찾아가 평가를 들었다. 신재효는 '광대가'를 지어 광대에게 필요한 조건을 꼽았다. 첫째가 인물, 둘째가 대사, 셋째가 노래 솜씨, 넷째가 연기력이다.

---

* 판소리 작품을 '마당'이라 한다. 지금은 여섯 마당 중 '변강쇠가'를 뺀 다섯 마당이 남아 있다.

새로운 극장과 연극

조선은 군함을 앞세운 일본과 1876년 '강화도 조약'을 체결했다. 부산, 원산, 인천의 세 항구를 외국에 개방했다. 열린 항구를 통해 서양 문물이 밀어닥쳤다. 1894년~1895년 '갑오개혁'이라 하는 개혁을 시행했다. 정치, 경제, 사회, 법률 등 모든 분야에서 새로운 변화가 일어났다. 양반, 평민, 노비를 구분했던 신분 제도가 사라졌다. 광대, 재인, 기생 등 천한 취급을 받던 예인들도 신분 제약에서 풀려났다.

공연 예술에도 새로운 바람이 불었다. 1885년 개화 사상가이자 정치가였던 '유길준'은 미국 유학에서 돌아왔다. 그는 1889년 『서유견문』이라는 책에서 서양 극장을 소개했다. 1896년 대한제국의 대신 '민영환'은 러시아의 니콜라이 2세 황제 대관식에 참석했다. 여기서 처음으로 서양식 연극을 구경하고 돌아온 민영환은 『해천추범』이라는 책에서 연극 공연을 소개했다.

1902년 고종황제 재위 40주년 기념식을 위해 첫 서양식 극장 '협률사'를 건설했다. 2층 규모로 500명이 관람할 수 있었다. 축하 행사를 위해 판소리 명창, 가수, 춤꾼을 모아 극단을 만들었다. 이들은 나라에서 봉급을 받으며 공연을 준비했다. 이후 협률사는 상설극장으로 관객에게 돈을 받는 유료 공연을 시작했다. 춤, 판소리, 곡예 등 전통적인 오락거리를 공연했다. 출연 배우에게는 등급에 따라 출연료 차이를 두었다. 관객석도 상, 중, 하로 나눠 입장권 값을 다르게 받았다.

1906년 협률사는 문을 닫았다. 1908년 협률사 건물을 수리한 다음 '원각사'라는 이름으로 다시 문을 열었다. 명창, 가수 등 64명의 전속 배우를 두었다. 판소리 등 전통 공연을 주로 선보였

원각사 극장의 모습, 1914년 화재로 소실되었다.

다. 1908년 11월 이인직*은 첫 서양식 연극 〈은세계〉를 원각사에서 상연했다. 완전한 창작품이라기보다는 〈최병두 타령〉이라는 작품을 고친 연극이다.

원각사보다 먼저 1907년에는 광무대, 단성사, 장안사, 연흥사 등 민간 극장이 등장했다. '광무대'는 판소리 등 전통 연극 공연을 주로 했다. '송만갑', '박기홍', '이동백', '김창환' 등 당대 판소리 명창이 전속으로 출연했다.

---

* 이인직은 친일파 이완용 비서 출신이다. 연극 개량을 앞세워 친일 행각을 벌였다. 일제에 협력해 한일합병을 도왔다.

현대 공연 예술과 배우

19세기에 들어서 극장과 관객이 늘어나고 배우를 체계적으로 교육하기 시작했다. 영화와 TV가 등장하며 인기 배우는 전 세계적으로 명성을 날렸다. 이제 유명 배우는 어마어마한 수입을 거두는 스타가 되었다. 연극, 영화, 방송 드라마 등 산업 전체가 스타 배우를 중심으로 돌아간다. 이제 배우는 많은 사람이 부러워하는 직업이 되었다.

새로운 미디어 등장

영화와 방송에 출연하는 배우

기술 발전으로 영화, TV, 라디오가 등장하면서 배우는 새로운 기회를 잡았다. 배우는 연극뿐 아니라 다른 경력을 쌓을 수 있었다. 20세기 배우는 연극, 영화, TV, 라디오 등 여러 가지 매체를 누비며 크게 성장했다. 배우가 되기 전에 익혀야 하는 역량도 늘어났다. 영화나 TV에 출연하는 배우는 방송 프로그램을 제작하는 '프로덕션'에 속해 일했다. 작은 레퍼토리 극단에 속해 공연하는 배우도 있었다. 18세기 후반 시작한 '스타 시스템'이 영화나 방송 산업을 주도했다. 영화나 TV는 전 세계로 퍼졌다. 몇몇 유명 배우는 세계적으로 이름을 날리고 막대한 부를 얻었다.

영화 산업을 주도한 할리우드

영화를 만들려면 돈이 많이 들었다. 배우뿐 아니라 촬영, 편집, 홍보 등 전문 인력도 여럿 필요했다. 20세기 들어 경제 대국으로 성장한 미국에는 자원과 인력이 풍부했다. 인구도 많아 극장을 찾는 관객도 충분했다. 또한 미국의 여러 조건이 영화 제작에 잘 맞았다. 영화 촬영에는 날씨도 중요하다. 비가 오거나 흐리면 야외에서 촬영하기 힘들다. 미국 서부 캘리포니아는 맑고 건조한 기후로 영화 촬영에 유리했다. 미국에는 여러 인종과 문화가 섞여 있어서 영화에 어울리는 소재가 풍부했다. 세계 각국 배우나 감독도 미국에서 활동했다. 영화와 관련된 사람과 사업체가 미국 서부 도시 로스앤젤레스에 속한 '할리우드'로 몰려들었다. 할리우드는 세계 영화 산업 중심이 되었다. 1930~1940년대 세계 영화 시장을 주름잡은 명작 영화들이 할리우드에서 탄생했다.

높아진 배우의 지위

유명 배우는 직접 극단이나 영화나 방송 프로덕션을 운영하기도 했다. 20세기 초 이름을 날린 배우 '찰리 채플린', '메리 픽퍼

유나이티드 아티스트 회사의 초기 로고

드', '더글러스 페어뱅크스', '데이비드 그리피스' 등은 1919년 '유나이티드 아티스트'라는 영화와 방송 제작 회사를 만들었다. 당대 유명한 제작자와 스타 배우가 이 회사와 함께 일했

유나이티드 아티스트 설립자들의 모습

다. 유명한 탤런트*가 TV 프로덕션을 운영하기도 했다.

　20세기 이후 연기는 '리얼리즘' 스타일이 지배했다. 배우는 실제와 구별할 수 없는 자연스러운 연기를 했다. 영화와 TV 산업은 큰 규모로 성장했다. 많은 관객과 시청자가 몰렸다. 배우는 어마어마한 돈을 벌었으며 사회적 지위도 높아졌다. 미국 대통령이나 주지사 등 정치인으로 성공한 배우도 있었다. 20세기 후반에는 서구, 특히 미국 스타일 영화나 TV 드라마가 전 세계에 유행했다. 인도, 일본, 홍콩 등에서는 자기 스타일로 영화와 드라마를 만들기도 했다.

＊　텔레비전 드라마에 출연하는 배우를 '탤런트'라 한다.

무성영화를 주름잡은 찰리 채플린

영화 역사에서 가장 중요한 배우 중 하나로 꼽는 이가 '찰리 채플린'이다. 원래 이름은 '찰스 스펜서 채플린'이다. 영국 런던 출신으로 아버지와 어머니 모두 배우 출신이었다. 12세 무렵 처음으로 무대 공연에 출연했다. 1910년 미국으로 건너가 활동해 인기를 얻었다. 1917년부터 영화감독으로도 활약했다. 1920년대 왕

성한 활동을 벌여 〈황금광 시대〉, 〈시티 라이트〉, 〈모던 타임즈〉 등 명작을 남겼다. 1950년대에는 공산주의자로 몰려 미국에서 활동하지 못했다. 스위스로 건너가 계속 영화를 만들었다. 1972년 83세에 아카데미 특별상을 받았다. 그는 무성 코미디 영화를 인간과 시대를 담은 예술 작품으로 만들었다.

1921년 영화 〈키드〉에 출연한 찰리 채플린

20세기 중국 연극, 영화, 배우

경극 전성시대와 명배우

1920~1930년대 경극은 전성기를 맞았다. 당시는 여성 배역인 '단'을 주인공으로 삼는 경극이 많았다. 위대한 단 배우 네 명, '메이란팡', '청옌치우', '상샤오윈', '쉰휴이성'이 전성기를 이끌었다. 이들을 '4대 명단'이라 한다. 가장 유명한 배우는 메이란팡이었다. 메이란팡은 배우 집안에서 태어나 어려서부터 연기를 배웠다. 10살에 첫 무대에 올라 '베 짜는 여인(직녀)' 역할을 했다. 메이란팡은 단 연기로 이름난 배우들에게 개인 교습을 받아 연기 실력을 쌓았다. 1913년 상하이로 가서 이름을 날리기 시작했다. 단 연기를 너무 잘해 경극에서 남자 주인공 역할이 줄어들기까지 했다고 한다.

1919년과 1925년에는 일본에서 공연했고 1930년에는 미국에 건

단 역으로 분장한 메이란팡(왼쪽), 원래 모습(오른쪽)

너가 경극을 알렸다. 당시 유명 배우였던 찰리 채플린, 더글러스 페어뱅크스 등과도 친해졌다. 1935년에는 소련, 이탈리아, 프랑스, 독일, 영국을 방문했다. 일본이 중국을 침략하자 무대에 오르지 않았다. 일본군은 그에게 연기를 계속하라고 강요했지만 끝내 거부했다. 일본이 패망한 이후 다시 무대에 올랐고 영화에도 출연했다.

1911년 신해혁명 무렵 여성 배우도 무대에 오르기 시작했다. 1928년에는 남자 배우와 여자 배우가 함께 공연했다. 여배우이면서 남자 역할을 하는 전문 배우도 등장했다. 1930년에는 베이징에 희극학교를 세워 배우를 양성했다.

대사 위주의 서양식 연극이 등장하다

아편 전쟁 이후 중국은 서양에 항구를 열었다. 상하이, 광저우, 텐진 등 항구 도시에는 외국인 거주 지역을 만들었다. 여기 살던 사람들은 아마추어 배우가 되어 연극을 공연했다. 기독교 선교사들이 만든 학교 학생들이 셰익스피어, 몰리에르, 뒤마 같은 서양 극작가 작품을 공연하기도 했다. 중국인이 공연한 서양식 연극은 일본에서 처음 막을 올렸다. 일본에 유학 중이던 중국 학생들이 '춘류사'라는 극단을 만들었다. 춘류사는 1907년 도쿄에서 〈흑노유천록〉이란 연극을 공연했다. 같은 해 '춘양사'라는 극단도 상하이에서 흑노유천록을 공연했다. 미국 소설 『톰 아저씨의 오두막집』를 원작으로 하는 서양식 오페라에 가깝다. 1920년대 이후 다양한 서양식 연극이 무대에 올랐다. 1922년에는 「희극」, 「창조계간」 등 연극 잡지도 등장했다. 서양 작품뿐 아니라 중국 작가들이 쓴 작품도 무대에 올랐다.

희곡과 화극

중국에서는 서양식 연극을 '화극'이라 했다. '말로 하는 연극'이란 뜻이다. 중국 전통 희곡은 대사보다는 노래 위주였는데, 화극은 대사 위주였다.

전통 희곡 배우나 극단 운영자는 사회적 지위와 교육 수준이 높지 않았다. 유명 희곡 배우 중에는 글을 깨치지 못한 사람도 많았다. 배우는 스승을 따라 대사를 암기하고 반복 연습하면서 연기를 배웠다. 화극에는 새로운 문물을 접한 유학생, 지식인들이 뛰어들었다. 배우는 실제와 유사한 동작과 표정 연기를 했다. 사회를 바꾸고 대중을 교육하는 주제를 많이 다뤘다. 화극은 대중적이지는 않았지만 도시 지식인을 중심으로 인기를 얻었다.

항일 투쟁과 연극

일본은 중국을 침략하려는 욕심을 감추지 않았다. 1931년에는 만주 및 내몽고 지역을 점령하고 중국 본토를 노렸다. 1937년 7월 일본은 중국을 침략했다. 1937년 12월 일본군은 난징을 함락하고 수많은 사람을 학살했다. 이를 계기로 연극계 유명인들이 모여 '중화전국희극계항적협회'를 만들었다. 메이란팡도 이 단체를 지지했다. 이들은 항일 투쟁에 모든 국민을 단결하도록 희곡을 활용했다. 연극으로 애국정신과 항일정신을 높였다. 중국 공산당도 연극을 적극적으로 활용했다. 글을 몰라도 연극을 감상할 수 있었고 가난한 노동자와 농민도 내용을 쉽게 이해했다. 여럿이 모여 공연을 관람하면 좀 더 쉽게 고취되었다. 항일의식뿐 아니라 사회주의 사상을 널리 알리는 데는 연극이 안성맞춤이었다.

중화인민공화국과 연극

중국 공산당은 연극으로 대중에게 영향을 미쳤다. 공산당이 차지한 지역에서 많은 극단이 활발하게 활동했다. 1941년에는 여러 경극 단체가 모여 '연안평극연구원'을 만들었다. 이 단체는 새로운 경극을 만들어 공연했다. 『수호전』 같은 옛날이야기를 봉건적 권위에 맞서 싸우는 모습으로 그렸다. 각본을 새로 쓰고 음악도 다시 만들었지만 배역, 의상, 분장, 연기 등은 전통 경극을 따랐다. 극단 소속 배우는 아마추어였다. 지방 공연 때도 잠자리나 식사 정도만 받았다. 야외에 임시 무대를 설치해 공연했다. 공연하지 않는 동안에는 농사를 지었다.

작품 내용은 주로 가혹한 압제에서 고생하던 민중이 지주를 타도하고 승리하는 이야기였다. 농민에게 친숙한 전통 희곡 방식이기에 인기를 끌었다. 사회주의 선전 효과도 컸다. 1949년 중국 공산당은 중국을 통일하고 '중화인민공화국'을 수립했다. 공산당 정부는 계속해서 인

중국 대표 경극 배우 메이란팡(왼쪽)과 청옌치우(오른쪽)의 모습

민대중에게 사회주의를 가르치고 선전하는 도구로 연극을 이용했다.

배우는 새로운 국가에서 존경받는 직업이 되었다. 배우와 공연 연기자를 우대했다. 정치에 참여해 높은 지위에 오르는 배우도 생겼다. 경극 배우로 유명했던 메이란팡과 청옌치우는 '전국인민대표회의'에 대표로 참석하기도 했다. 우리나라로 하면 국회의원 격이었다.

발전하던 연극에 들이닥친 문화 혁명

국가가 여러 민간 극단을 인수해 운영하면서 일반 배우도 좋은 조

오늘날 중앙희극학원(중앙연극대학)의 모습 ⓒN509FZ

건에서 연기할 수 있었다. 국가에서 주는 봉급을 받으며 안정적으로
생활했다. 하지만 지방 민간 극단에서 일하는 배우는 여전히 생계가
어려웠다.

1950년에는 베이징에 '중앙희극학원'을 세워 연기자를 길렀다. 이
학교에서는 경극과 전통극, 화극, 노래극, 무용극은 물론 일반 문화
예술도 가르쳤다. 민간 극단에는 여전히 전통적 교육 방식이 남아 있
었다. 학생을 때리고 욕하는 일도 잦았다.

중국은 1966년 이후 사회, 문화, 정치적으로 큰 변화를 겪었다. 공
산당의 지도자 마오쩌둥이 권력을 잡기 위해 '문화 혁명'을 일으켰다.
지식인들은 시골로 쫓겨났고 많은 문화유산이 파괴되었다. 민간 극

단은 전부 해체되었다. 중국 공산당이 세워지기 이전 시대를 배경으로 한 연극은 사라졌다. 연극은 전반적으로 쇠퇴했다.

연극 부활과 발전

1976년 마오쩌둥이 사망하면서 문화 혁명도 막을 내렸다. 극단이 다시 살아나 다양한 작품이 쏟아져 나왔다. 소도시와 지방에서는 민간 극단이 다시 활동했다. 전통극이 부활하고 화극도 새로워졌다. 20여 년간 서양에서 유행했던 다양한 연극이 들어왔다.

1979년에는 '베이징 경극원'이라는 국립 극단을 만들었다. 국영 극단 소속 배우는 국가에서 급여를 받았다. 사회적 혜택도 많았다. 민간 극단 소속 배우는 공연 수입으로 생활했다. 1980년대에 들어서 극단 운영 방식이 변했다. 공연에 이바지하는 정도에 따라 급여를 차이 나게 주었다. 연극이 성공하면 극작가에게 따로 보너스를 주기도 했다. 전체적인 배우 수입은 늘어났지만 급여 차이로 배우 사이에 갈등도 생겼다.

1988년 이전까지 국영 극단은 나라에서 정해주는 연극만 공연했다. 배우도 국가에서 극단에 배치했다. 1988년 이후부터는 극단이 자체적으로 공연 계획을 세우고 원하는 배우와 계약을 맺었다. 희곡 학교와 직업 극단 자체 교육도 다시 활발해졌다.

1990년대 이후에 '소극장 연극'이 발전했다. 규모가 작고 무대와 관객 사이 거리가 거의 없는 작은 극장에서 다양한 연극을 실험했다. 2001년부터는 대학생 연극제가 생겨 연극에 활기를 불어넣었다. 21세기 중국 연극은 소극장을 중심으로 높은 예술 수준을 보여주고 있다. 외국에 나가 공연하는 극단도 늘어났다.

영화와 배우

19세기 말 중국에 들어온 영화는 매우 빠르게 중국 전역에 퍼졌다. 1920년대가 되면 중국인들이 직접 영화를 제작해 보급하기 시작했다. 중일전쟁과 내전으로 쇠락했던 중국 영화는 1945년 이후 상하이를 중심으로 다시 발전했다. 중화인민공화국은 영화도 연극처럼 사회주의 이념과 문화를 교육하는 수단으로 이용했다. 1980년대가 되어서야 다시 대중적인 상업 영화가 살아났다. 연극배우들도 방송과 영화로 많이 진출했다.

1990년대가 되면 세계적으로 이름을 날리는 영화와 감독, 배우가 탄생한다. '장이머우' 감독은 〈붉은 수수밭〉(1987), 〈국두〉(1990), 〈홍등〉(1991), 〈귀주 이야기〉(1992)등 중국 현실을 담은 영화로 중국뿐 아니라 유럽과 미국에서도 명성을 얻었다. '첸카이거' 감독은 경극 배우를 주인공으로 하는 〈패왕별희〉(1993)라는 영화를 만들어 큰 인기를 끌었다. 세계적으로 이름을 날리고 인기를 얻은 배우도 등장했다. 이들은 중국 영화 뿐 아니라 미국을 기반으로 활동하기도 한다. 할리우드 스타가 부럽지 않은 부와 명성을 누리는 배우도 있다. 국제 영화제에서도 많은 상을 받았다.*

21세기에 들어서는 디지털 카메라를 사용한 걸작 영화도 등장했다. '지아장커' 감독은 디지털 영화로 유명하다. 1980년대 이후 중국 TV 드라마와 영화 시장은 크게 성장했다. 2021년을 기준으로 중국 영화 시장 규모는 약 8조 7천억 원으로 전 세계에서 가장 크다. 2위인 미국 시장 규모는 5조 4천억 원이었다. 매년 수많은 배우가 등장하고 스타로 성장한다. 우리나라 배우들도 중국에서 활약하고 있다. 다만 중국에서는 정부가 허가한 영화만을 상영할 수 있다. 정부 방침에 따라 특정 영화나 특정 영화배우가 나오는 작품을 금지하기도 한다.

* 1992년 〈귀주 이야기〉 여자 주인공 '궁리'는 베니스 영화제에서 여우주연상을 받았다. 2022년 아시아 출신으로 처음 아카데미 여우주연상을 받은 '미셸 여(양자경)'는 중국계 말레이시아인으로 중국 영화에 많이 등장했다.

20세기 이후
우리나라 공연과 배우

신파극이 등장하다

1910년 일본 제국주의는 우리나라를 식민지로 강제로 병합했다. 이 과정에서 일본으로부터 새로운 형식의 연극이 들어왔다. 이 연극은 서양 스타일이었으며 복수, 범죄, 사랑, 배신 등을 주제로 삼았다. 옛 연극과 다르다는 뜻에서 '신파극'이라 했다.

1910년 이전에 이미 조선에는 일본인을 위한 극장이 여럿 있었다. 이 극장에서 신파극을 상연했다. '임성구'는 1911년 '혁신단'이란 연극 단체를 만들어 〈불효천벌〉이라는 신파극을 처음 공연했다. 연기와 분장은 일본 배우가 지도했다. 이후로 많은 극단이 탄생했다. 1913년 일본에서 공부한 '윤교중'은 친구 '조중환'과 '문수성'이라는 극단을 만들고 원각사를 인수했다. '이기세'는 '유일단'이라는 극단을 만

인기 신파극, 육혈포 강도

초기 신파극을 대표하는 작품으로 〈육혈포 강도〉를 꼽는다. 육혈포란 '여섯(육)
구멍(혈)이 있는 권총(포)'이라는 뜻이다. 회전식 연발 권총인 리볼버다. 원래 일
본에서 공연한 연극을 번안해 들여왔다. 1912년 혁신단이 공연했다. 대낮에 권총
을 들고 전당포를 턴 강도와 그를 추적하는 신입 경찰 이야기다. 신입 경찰은 선
임 경찰이 비웃음에도 불구하고 끈질기고 용감하게 강도를 쫓는다. 결국 강도를
잡기는 했지만, 총에 맞아 숨을 거둔다.

들어 연극을 이끌었다. 그 외에도 많은 극단이 나타났다 사라졌다.

　신파극은 대사와 연기가 과장이 심했다. 극단 단장이 막 중간에 나
와 내용을 설명하기도 했다. 전통극을 공연하는 극장은 점점 줄어들
었다. 전통 공연을 고집하던 극장 광무대도 영화나 신파극 공연을 시
작했다.

1920년대 연극

　1920년 3월 일본 도쿄에서 유학생들이 모여 '극예술협회'를 만들
었다. 이들은 방학 때 귀국해 전국을 돌며 연극을 상연했다. '조명희'
가 창작한 〈김영일의 사死〉를 비롯해 창작극과 번역극을 무대에 올
렸다. 다른 극단들도 국내 창작 연극과 해외 번역 연극을 상연했다.

　1923년에는 도쿄 유학생 '박승희', '이서구', '김기진' 등이 '토월회'

를 조직했다. 토월회는 그해 7월 4일 조선극장에서 처음 공연했다. 당시로는 드물었던 이월화, 이혜경, 이정수 등 여자 배우도 출연했다. 토월회 연극은 과장된 신파극 연기가 아닌 실제와 흡사한 '리얼리즘 연기'를 추구했다. 아마추어 대학생들이 연출하고 배우로 출연한 연극이라 서툴렀다. 배우가 관객과 눈 마주치기를 두려워해 무대와 관객석 사이에 얇은 모기장을 치기도 했다. 심지어 연극 도중 대사를 잊어버린 배우가 도망치기도 했다. 이렇게 첫 공연은 실패했다. 이들은 다시 도전해 2회 공연부터 성공해 많은 관객을 끌었다. 1925년부터 본격적인 극단으로 활동해 1931년까지 총 87회 공연 기록을 남겼다.

이 시기의 배우는 대부분 아마추어였다. 학생, 문학가, 예술가 등이 배우로 활동했다. 실제 연기 훈련이나 경험이 부족했다. 일본 유학 중 연극을 공부하고 일본에서 배우로 활동했던 '현철'은 1925년 '조선배우학교'를 세웠다. 연극 역사, 연극 이론, 분장, 연기 등을 가르쳤다.

토월회가 처음으로 공연한 조선극장, 1936년 화재로 소실되었다.

실습 시연회도 열었다. 1926년 1회 졸업생을 내고 문을 닫았다. 여러 졸업생이 훗날 배우로 이름을 날렸다.

전통 공연도 맥을 이어 나갔다. 광무대는 1930년 문을 닫기 전까지 전통 놀이, 판소리 등을 상

조명희는 도쿄 유학 시절 '극예술협회'를 만들어 전국을 돌며 연극을 공연했다. 시인과 소설가로도 활약했다. 문학과 연극으로 일제를 비난했다. '조선프롤레타리아 예술가 동맹(카프)'에 들어가 활동하다가 일제 탄압을 피해 1928년 소련*으로 망명했다. 소련에서 '작가동맹'에 가입해 작품을 발표했다. 하바롭스크에 살면서 한글 잡지에 시, 소설을 실었다. 소련 거주 조선인 교육에도 힘썼다. 1937년 소련 지도자 '스탈린'은 조선인을 중앙아시아 타슈켄트로 강제로 옮겼다. 조명희도 이때 타슈켄트로 갔지만 '인민의 적'이라는 누명을 쓰고 1938년 처형되었다. 죽은 후 오래 지나서야 누명을 벗었다. 현지인들은 조선을 대표하는 천재 작가로 조명희를 존경하고 추모한다. 타슈켄트에는 '조명희 거리'가, 도서관에는 '조명희 코너'가 있다.

연했다. 1922년 문을 연 조선극장에서도 판소리 등 전통 공연을 계속 무대에 올렸다.

1930~1940년대 연극

1930년대에 접어들며 연극은 성숙해졌다. 1931년에는 연극 관련

---

* '소비에트 사회주의 공화국 연방'. 1922년 건국한 세계 최초 사회주의 국가. 1991년 해체되고 우크라이나, 벨라루스 등 여러 나라로 분리되었다. 러시아가 소련이 가진 유엔 회원국 권리를 승계하고 뒤를 이었다.

자료 2천여 점을 모은 '연극영화전람회'가 열렸다. 그해 새롭게 우리 연극을 세우려는 사람들이 모여 '극예술연구회(줄여서 극연)'를 만들었다. 이들은 서양 연극을 번역해 소개하고 창작극도 만들었다. 처음에는 연구와 공부 모임으로 출발해 1935년경부터 전문 극단으로 활동하며 일반 관객에게 호응을 얻었다.

1935년 연극 전용 극장인 '동양극장'이 등장했다. 그때까지 극장을 주로 영화나 각종 연설회, 모임 장소 등 다양한 목적으로 활용했다. 연극만 공연하는 극장은 없었다. 동양극장은 최신 시설을 갖춘 연극 전용 극장으로 1930~1940년대 우리나라 연극 중심지가 되었다. 동양극장은 '청춘좌'와 '호화선'이라는 전속 극단도 만들었다. 극단에 속한 배우에게는 급여를 주었다. 뛰어난 배우가 두 극단에 모였다. 두 극단은 매주 돌아가며 동양극장에서 공연했다. 주요 관객이었던 여성이 좋아할 만한 작품이 많이 무대에 올랐다.

사회주의 사상에 기반을 둔 연극 활동도 활발했다. '카프' 소속 '신건설', 일본에서 활동한 '조선 예술좌' 등이 대표적이다. 이들은 대중에게 정치의식과 민족의식, 계급의식을 북돋기 위해 연극을 공연했다. 학생이 과외활동으로 하는 연극도 활발했다. 이들은 주로 외국 소설이나 연극을 번역해 상연했다. 학생 연극은 훌륭한 배우를 길러내는 터전이었다.

일본 제국주의는 1937년 중일전쟁, 1941년 태평양 전쟁을 일으켰다. 우리나라를 전시 동원 체제로 만들어 모든 분야를 감시하고 물자를 빼앗아 갔다. 1942년 조선총독부는 모든 연극, 연예 단체를 합쳐 '조선연극문화협회'를 만들어 지휘했다. 문화 예술을 수단으로 조

1940년대 동양극장

선인을 일본에 동화시키고 전쟁 도구로 동원하려 했다.

인기를 끄는 영화

우리나라에 영화가 처음 선보인 때는 1903년*이다. 황성신문에 '활동사진'을 보러 오라는 광고가 실렸다. 1906년 한미전기회사는 동대문에 활동사진 관람소를 열었다. 이곳에서는 미국에서 들어온 영화를 상영했다. 광무대, 단성사, 장안사, 연흥사 등 극장에서도 영화를 상영했다.

우리나라 첫 번째 영화는 1919년 상영한 〈의리적 구토(구토는 원수 갚음이라는 뜻)〉이다. 이 영화는 완전한 형태가 아니었다. 연극 중간에

* 1903년 이전에 이미 들어왔다는 주장도 있다.

표현하기 어려운 장면을 영화로 만들어 섞은 '연쇄극'이었다. 연극을 하다가 호루라기를 불면 화면에 영화 장면이 나온다. 끝나면 다시 호루라기를 불어 연극으로 돌아갔다. 1919년 단성사에서 처음 상영해 크게 성공했다.

1923년에는 〈월하의 맹서〉라는 영화를 상영했다. 연극배우들이 출연했다. 연쇄극이 아니라 아닌 처음부터 끝까지 필름으로 찍어 상영했다. 1926년에는 '나운규'가 각본을 쓰고 감독을 맡은 영화 〈아리랑〉이 등장했다. 나운규는 직접 주연으로 출연했다. 나운규는 이 영화에 일본에 맞서 저항하는 의미를 담았다. 아리랑은 대성공을 거두었다. 이 영화는 모두 대사가 없는 무성영화이다. 1935년 처음으로 말소리가 나오는 발성영화 〈춘향전〉을 만들었다. 월하의 맹서 이후 1941년까지 영화 127편이 나왔다. 1937년 기준 영화 관객 수는 1670만 명에 달했다. 1940년 조선총독부는 영화제작, 배급, 흥행을 통제하고 처벌하는 '조선영화령'을 만들었다. 영화감독, 배우, 작가를 일본 제국주의 선전에 동원해 전쟁 도구로 활용했다. 영화는 활기를 잃었다.

1935년 영화 〈춘향전〉의 한 장면

스타 배우와 변사

1926년 영화 〈아리랑〉이 크게 성공하면서 나운규는 전 국민이 알아보는 스타 배우가 되었다. 나운규는 '반항아' 이미지로 식민 지배에 신음하던 민중에게 영웅으로 떠올랐다. 그 이전까지 배우들은 크게 인정받지 못했고 생활도 어려웠다. 나운규 이후 본격적인 스타 배우들이 등장하기 시작했다.

무성 영화에서 배우 못지않게 '변사'가 인기를 누렸다. 변사는 무성 영화에서 장면과 장면을 설명하고 영화 전체 이야기를 끌어가는 사람이다. 배우가 하는 대사 대신 변사가 분위기에 맞는 목소리로 영화를 설명했다. 사람들은 변사가 누구인지를 따져가며 영화를 골라 보았다.

발성 영화에서 이름을 날린 대표적인 배우는 '문예봉'이다. 문예봉은 5세부터 유랑극단을 따라다니며 아역 배우로 활동했다. 아버지도 배우이자 극단 단장이었다. 여러 영화에 출연하다 1935년 〈춘향전〉에서 '춘향' 역을 하면서 스타로 떠올랐다. 단정한 외모와 뛰어난 연기로 일본

영화 포스터에 등장하는 나운규(사진 왼쪽)와 문예봉(사진 오른쪽)

에까지 이름을 날렸다. '삼천만의 연인'이란 별명을 얻었다. 우리 영화도 스타를 중심으로 돌아가는 스타 시스템을 적용하기 시작했다.

좌우 대립을 넘어

1945년 일제가 패망한 이후 우리나라 공연 예술 분야는 좌익과 우익으로 나뉘어 갈등했다. 좌익 계열 연극인은 '조선 연극 동맹'에서 모였다. 우익 계열 연극인은 '민족 예술 무대'를 만들었다. 저마다 생각하는 바가 달라 대립을 피하지 못했다. 사회 전체에 좌익과 우익, 생각 차이에 따른 갈등이 심했다.

그 와중에도 공연 예술계는 활발히 움직였다. 1948년 6월에는 제1회 연극 경연 대회를 열었다. 학교 학생연극반 활동도 다시 왕성해졌다. 각 대학, 중고등학교 연극반이 교내, 교외에서 연극을 발표했다. 1949년에는 첫 남녀 대학 연극 공연 대회가 열렸다.

대한민국은 정부 수립 후 국립 극장을 만들기 시작했다. 1949년에 '중앙국립극장'이 문을 열었다. 극작가이자 소설가인 '유치진'이 극장장을 맡았다. 1950년 4월에는 유치진이 각본을 쓴 〈원술랑〉을 중앙국립극장 개관 기념 무대에 올렸다. '극협'과 '신협'을 중앙국립극장 전속 극단으로 선정했다. 공연 관련 각종 법률과 제도, 규칙도 만들기 시작했다. 하지만 제자리를 찾기도 전 6 · 25 전쟁으로 큰 피해를 보았다. 전쟁이 남긴 상처는 오래갔다. 1960년대가 되어서야 공연 예술은 다시 힘을 얻었다.

동인제 극단과 소극장

1960년대에는 다양한 연극이 무대에 오르기 시작했다. 젊은 극작가, 배우, 연출가가 성장했다. 대부분 대학 연극부 출신이었다. 젊은 연극인들은 '동인제 극단'을 만들었다. 동인제 극단 단원은 극단 운영을 함께 책임졌다. 연극 공연이 실패하면 배우도 돈을 받지 못했다. 1960년 '실험극장'을 시작으로 동인제 극단이 새롭게 탄생했다. 동인제 극단은 한국 연극을 대표하는 극단으로 성장했다. 새로운 연극인을 가르치는 학교 역할도 했다. 1962년 유치진은 연극 전용 극장인 '드라마센터'를 설립했다. 드라마센터 아래 '연극 아카데미'도 열어 배우 등 연극인을 가르쳤다.

1970년대에는 우리나라 극작가가 쓴 각본에 바탕을 둔 창작 연극이 늘어났다. 또한 탈춤, 인형극, 판소리, 굿 등 전통 놀이와 공연에 다시 관심을 기울이기 시작했다.

오늘날 남아 있는 드라마센터

수익만 추구하는 대극장 연극에 반발하여 '소극장운동'이 확산하였다. 소극장은 300석 이하 관객을 수용하는 규모가 작은 극장이다. 소극장은 새로운 연극과 공연을 시도하는 실험실 역할을 했다. 소극장을 중심으로 동인제 극단이 활약했다.

실험극장은 1975년 〈에쿠우스〉라는 연극을 공연했다. 3개월 연속 공연, 관객 1만면 돌파 등 기록을 세웠다. 1977년에는 '대한민국 연극제'*라는 연극 축제를 시작했다. 창작 연극을 지원해 연극 발전을 꾀했다.

1980년대 이후 연극과 배우

1981년 공연법이 바뀌어 쉽게 극단과 극장을 만들 수 있었다. 1980년대 후반에 되면 수많은 소극장이 '대학로'**에 자리 잡았다. 1980년대 군사 독재 정권은 언론과 예술을 강력히 통제했다. 경제 성장과 산업화는 전통 농촌 사회를 파괴했다. 도시로 인구가 몰렸고 빈부 격차, 계층 갈등이 본격적으로 드러났다. 전통 윤리와 도덕 대신 이기주의, 출세주의가 득세했다.

배우는 연극으로 이런 현실을 비판하고 새로운 꿈을 심었다. 극장을 떠나 사람이 모인 곳을 찾는 '마당극'이 유행했다. 연극 소재도 다

*　1987년 서울 연극제로 이름을 바꿈.
**　서울 종로구 종로 5가 사거리부터 혜화동 로터리 사이 거리. 소극장이 모여 있다.

양해졌다. 정치적 · 사회
적 문제, 남북 분단 같은
비극적인 현실을 연극으
로 다루었다. 이 시기에
노래와 춤 연기가 어우
러지는 '뮤지컬'이 인기
를 끌기 시작했다.

제3세계 연극제 참가 대표단 오찬 모임(서울기록원)

　우리나라에서 국제 연극제도 열렸다. 1981년 '제3세계 연극제'를
우리나라에서 개최했다. 1986년 아시안게임과 1988년 서울 올림픽
때도 국제 연극제를 열었다. 1990년대가 되면 도시인이 사는 모습,
추리극, 음악극, 코미디 등 다양한 연극이 무대에 올랐다. 창작극이
해외 번역 연극보다 많아졌다. 많은 제작비를 들인 대형 뮤지컬이 큰
성공을 거두기도 했다.

　21세기를 맞아 상업성이 더욱 중요해졌다. 동인 극단은 거의 자취
를 감추었다. 대신 전문적인 연예 기획사와 기획자가 등장했다. 이들
이 어떤 연극을 할지부터 제작비 조달, 출연진 선정, 홍보와 마케팅
등을 전부 책임진다.

TV 탤런트와 영화배우

　1961년 12월 31일 오늘날 KBS의 시초인 '서울 텔레비전 방송국'

이 문을 열었다. 처음에는 하루 4시간 방송하다가 1962년 1월부터 방송에 출연하는 연기자를 공개 모집했다. 'TV 탤런트'라는 새로운 직업 배우가 탄생했다. 1970년대 이후 전 국민이 TV 드라마를 사랑했다. 드라마에 출연하는 배우는 어마어마한 인기를 누렸다. TV 방송국은 탤런트를 확보하는 데 힘을 기울였다.

1990년대까지 방송국은 탤런트를 공개 채용했다. 방송국 소속 탤런트는 출연료도 많지 않았고 정해진 기간에는 다른 방송국에 출연하지 못했다. 21세기에 들면서 공채 제도는 점차 사라졌다. 이제 배우는 대개 전문 연예 기획사에 들어가 활동한다. 연예 기획사는 배우 대신 출연 작품을 고르고, 일정을 조정하는 등 활동을 돕는다. 대신 배우 출연료 일부분을 받는다. 배우가 되려는 사람을 모아 연기를 가르치기도 한다.

영화는 1950년대 이래 계속 발전했다. 1990년대 이후 한국 영화는 전성기를 맞는다. 우리나라 영화가 외국에서 큰 인기를 끌기 시작했다. 주연 배우는 우리나라를 넘어 전 세계적인 인기 스타가 되었다. 외국 영화제에서 상을 탄 배우도 많다. 1986년 베니스 국제 영화제에서 '강수연'은 처음으로 여우주연상*을 받았다. 2020년에 '윤여정'은 세계 최대 영화 시상식인 '아카데미상'에서 여우조연상을 받았다. 연

---

* 주인공으로 출연한 여자 배우에게 주는 상, 주인공을 도와 극을 이끄는 배우에게는 '조연상'을 준다.

극배우, 영화배우와 TV 탤런트를 뚜렷이 구분할 수는 없다. TV 탤런트도 영화에 출연한다. 영화 출연으로 배우를 시작한 사람도 TV 드라마에 나온다. 연극배우도 때로 기회가 닿으면 영화나 TV 드라마에 출연한다. 21세기에 들어서는 인터넷으로 송출하는 웹 드라마가 늘어났다. 신인 배우는 웹 드라마에서 연기를 시작하기도 한다.

오늘날과
미래의 배우

오늘날 다양한 매체에서 배우가 활약하고 있다. 인공지능의 발전은 사람의 일로 여겨졌던 배우 직업까지 영향력을 미치고 있다. 급격한 변화 속에서도 변하지 않는 배우 직업의 본질과 배우가 되기 위해 필요한 역량들을 살펴본다.

연기하는 직업, 배우

배우가 하는 일

배우는 연기하는 사람이다. 연극, 영화, TV 드라마, 뮤지컬 등에 출연한다. 작품에서 맡을 역할이 정해지면 작품과 역할을 분석하고 연구한다. 작품을 설계하고 연기를 지도, 관리하는 사람*과 함께 특징, 행동, 표정, 목소리 톤 등을 정하고 연습한다. 배역에 맞춰 머리 스타일이나 의상을 갖춘다. 때로 체중을 줄이거나 늘리기도 한다.

작품에는 여러 배우가 출연한다. 이야기가 자연스럽게 흐르도록 다른 배우와 함께 미리 연기 호흡을 맞춘다. 극 중에서 배우는 노래를 하고 춤을 추기도 한다. 무술이나 위험한 액션 연기를 펼치기도 한다.

---

* 연극에서는 '연출자', 영화는 '감독', TV 드라마는 '프로듀서'라 한다.

스카이다이빙을 하거나 깊은 물에 들어가기도 한다. 배우는 다양한 역할에 필요한 기술을 미리 익혀 둔다. 상황에 따라 대본에 없는 즉흥 연기를 펼치기도 한다.

배우를 나눠 보면

어디에 출연하느냐에 따라 크게 나눌 수 있다. 연극에 출연하는 '연극배우', 영화에 출연하는 '영화배우', TV 드라마에 출연하는 '탤런트', 뮤지컬에 출연하는 '뮤지컬 배우' 등이다. 한 배우가 TV 드라마에 나오면서 동시에 영화에 출연하는 일은 흔하다. 연극 무대 출신 배우가 뮤지컬이나 영화에 출연하기도 한다.

극 중 역할에 따라 나누기도 한다. 작품에서 주인공 역할을 하는 배우는 '주연 배우'이다. '조연 배우'는 주연을 도우며 함께 이야기를 이끌어 나간다. 때로 조연 배우가 주연 배우보다 더 인기를 끌기도 한다. '단역 배우'는 몇 장면에 잠깐 등장해 짧은 대사를 나눈다. 지나가는 사람, 여럿이 모인 군중, 구경꾼 역할을 하는 출연자가 '엑스트라'이다. 엑스트라는 대사가 없거나 아주 짧은 대사를 한다. 그때그때 사람을 구해 엑스트라로 출연시킨다. 유명한 배우 중에서는 엑스트라로 연기를 시작한 사람도 있다.

라디오나 애니메이션 등에서 목소리로 연기하는 배우도 있다. '성우'라 한다. 성우는 배역 특징을 분석하고 역할에 맞는 목소리를 연습

한다.

'스턴트 배우'는 위험한 장면을 촬영할 때 배우를 대신해 연기한다. 교통 사고, 폭발, 화재, 무술 묘기 등을 연기한다. 스턴트 배우는 특별한 훈련을 받은 전문가다. 위험한 일로 다치거나 목숨을 잃기도 한다.

배우가 활동하는 법

대부분 직업 배우는 연예 기획사에 속해 활동한다. 연예 기획사에는 공연 예술 관련 전문가들이 모여 배우 활동을 지원한다. 소속 배우에게 출연 작품을 소개하고 출연 계약을 맺는다. 법률 전문가들이 계약서와 계약 조건을 검토해준다. 출연이 확정되면 필요한 연기를 배우도록 지도해 준다.

배우를 알리고 선전하는 홍보와 마케팅도 연예 기획사가 담당한다. 배우는 자기 이름을 알리고 인기를 유지해야 한다. 연예 기획사는 연극이나 영화, 드라마뿐 아니라 광고, 예능 프로그램 등에서도 배우가 자신을 알리게 한다. 옷이나 머리 손질, 화장 전문가를 두어 배우를 돕는다. 직접 따라다니며 배우를 돕는 '로드 매니저'를 두기도 한다. 운전, 경호, 스케줄 관리도 로드 매니저의 몫이다. 연예 기획사는 배우 육성에도 관심을 기울인다. 가능성이 보이는 신인을 발굴해서 체계적으로 가르친다.

배우는 기획사로부터 지원받으며 정해진 기간 활동한다. 그사이

버는 돈은 기획사와 나눠 가진다. 가끔 기획사와 배우 사이에 수익 배분이나 계약 조건을 두고 싸우기도 한다. 배우 중에는 기획사 없이 활동하는 배우도 있다. 유명 배우는 직접 기획사를 차리기도 한다.

배우 직업은 쉽지 않다

배우는 겉보기에는 화려한 직업이다. 그러나 배우 일은 보여지는 것이 다가 아니다. 배우는 무대 위나 카메라 앞에서 연기를 하는 시간 외에도 대본 암기, 연기 연습 등에 많은 시간을 들인다. 필요하다면 춤, 노래, 무술 등 다양한 특기도 갖춰야 한다. 공연이나 촬영을 위해 여러 지방을 돌아다닌다.

공연이나 촬영 현장이 깨끗하고 쾌적하지만은 않다. 배우는 춥든, 덥든, 비가 오든, 눈이 오든 어떤 환경에서든 연기한다. 추운 겨울에도 촬영을 위해서라면 얇은 옷만 걸치고 춥지 않은 척하고, 더운데도 털옷을 입고 연기할 때도 있다. 가끔씩은 위험한 환경에서 촬영하다가 사고가 발생하기도 한다. 밤새워 촬영하는 일도 흔하고, 짧은 연기를 위해 현장에서 오래 대기하기도 한다.

여러 어려움에도 불구하고 배우 지망생은 줄지 않는다. 배우는 연기를 통해 다양한 인생을 살아볼 수 있다. 관객들에게 꿈과 희망을 주기도 한다. 어려워도 많은 사람이 배우가 되려 하는 이유다.

좋은 배우가 되려면

배우에게는 '끼'가 필요하다. '끼'는 연예 분야에 대한 재능이나 소질이다. 자신을 표현하는 능력, 배역에 몰입하는 능력, 다른 사람이 자신을 쳐다보게 만드는 기질 등이다. 대본을 이해하고 암기해서 사람들에게 전달할 수 있는 지적 능력도 필요하다. 연출자나 감독이 뜻하는 바를 잘 이해하고, 다른 동료 배우와 연기 조화를 맞출 수 있는 소통 능력도 중요하다.

배우는 자신이 경험하지 못한 다양한 삶을 표현한다. 늘 사람과 사회에 관심을 두어야 한다. 여러 문화, 예술 분야를 감상하고 공부해야 한다. 이런 간접 경험이 연기를 풍부하게 한다. 끼와 타고난 재능이 전부는 아니다. 재능이 조금 부족해도 어려움을 견디는 끈기와 노력이 배우를 성공으로 이끈다. 무엇보다도 자기 연기와 무대에 삶을 바치는 '열정'이 배우를 만든다.

배우는 연기를 통해 시대, 성별, 나이를 초월해 다른 사람의 인생을 살아볼 수 있다.

미래에 배우는
어떤 모습일까?

가까운 미래

배우는 당분간 증가하리라 예측한다. 2019년을 기준으로 약 1만 3천여 명이 배우로 활동하고 있다. 한국 고용 정보원은 2029년까지 배우는 매년 200여 명 정도(평균 1.4%) 늘어나 2029년에는 약 1만 5천여 명이 되리라 예측한다(한국직업전망 2021, 한국고용정보원).

방송, 영화, 연극, 뮤지컬 등 각종 공연 예술 분야는 매년 규모가 커지고 있다. 문화예술 콘텐츠는 가치가 점점 높아지고 있다. 많은 연예 기획사가 생겼고, 연예 기획사는 체계적으로 신인을 발굴하고 교육해 스타성을 갖춘 배우로 양성한다.

방송 매체도 다양해졌다. '넷플릭스' 같은 OTT^over the top media 서비스는 인터넷을 통해 전 세계에 콘텐츠를 제공한다. 유튜브로 다양한 동영상을 송출하면서 웹 드라마도 늘어났다. 짧은 길이의 영상 콘텐츠 '숏폼'을 선호하는 소비자의 입맛에 맞게 다양한 영상 콘텐츠가 나오고 있다. 매체가 늘면서 배우도 더 필요하게 되었다. 그러나 새로운 기회가 열린 만큼 배우가 되려는 사람도 늘어나 경쟁은 더 치열해졌다. 우리나라 방송과 영화는 전 세계에서 인기를 끌고 있다. 이런 인기에 힘입어 전 세계적으로 유명해진 배우도 여럿 나왔다. 앞으로도 우리 콘텐츠가 세계 무대를 주름잡으리라 예측한다. 많은 신인이 세계적인 스타를 꿈꾸며 배우 직업에 도전할 것이다.

로봇 배우와 가상 배우

사람들은 옛날부터 연극 무대에 인형을 올렸다. 별다른 배우 없이 인형만으로 극을 꾸미기도 했다. 로봇이나 인공 생명체가 등장하는 영화나 방송은 이미 나온 지 오래다. 배우는 자연스럽게 로봇이나 인공 생명체 배역을 맡아서 연기한다. 사람 배우가 로봇 역할을 연기하는 것이

영화 〈사요나라〉(2015) 포스터, 왼쪽이 로봇 배우

아닌 진짜 로봇 배우가 연극 무대에도 오른다. 2010년 일본 연극 〈사요나라〉와 연극을 바탕으로 만든 2015년 영화 〈사요나라〉에는 로봇이 등장했다. '제미노이드 에프'라는 65가지 표정 연기가 가능한 로봇 여배우였다. 제미노이드 에프는 방사능에 오염된 세상에서 죽어가는 여주인공을 간호하는 로봇 '레오나'로 나온다.

컴퓨터 그래픽으로는 가상 배우를 만들 수 있다. 실제로 가상 인간, '버추얼 휴먼 vitural human'이 노래, 춤, 심지어 연기까지 진출하고 있다. 가상 인간 '로지'는 광고와 드라마에 출연했다. 가상 인간 '민지오'는 연예 기획사의 소속 배우로 활동하며 연기 영상이 올라오는 등 활동을 계속하고 있다. 앞으로는 공연 무대에 더 다양한 로봇 배우와 가상 배우가 출연할지도 모른다. 각본, 무대 장치, 연출도 달라져 새로운 인간과 기계의 모습을 공연 무대에 담을 것이다.

배우는 사라질까?

최근 4차 산업혁명으로 기술이 눈부시게 발달했다. 특히 인공지능 기술이 빠르게 발전하고 있다. '생성형 인공지능 Generative AI'은 사람들을 놀라게 한다. 사람의 영역이라고 여겼던 예술 활동도 인공지능이 할 수 있게 되었다. 미술대회에서 인공지능이 그린 그림이 우승을

* 콜로라도 주립 박람회 미술대회 디지털 아트 부문에서 AI로 제작한 〈스페이스 오페라 극장〉(제이슨 M 앨런 作)이 1위를 차지했다

인공지능이 배우를 대신하지 못하도록

미국에는 배우·방송인 노동조합(SAG-AFTRA)이 있다. 영화, TV, 라디오 등 모든 매체의 배우와 방송인들이 속해 있어 조합원이 무려 16만 명에 달한다.

2023년 7월 14일 미국 배우·방송인 노동조합은 파업을 시작했다. 여러 영화와 TV 드라마 등 제작이 멈췄다. 요구사항 중에는 인공지능과 컴퓨터로 만든 얼굴과 음성으로 배우를 대신하지 못하게 보장하라는 내용도 있다.

대기업 스튜디오가 모인 영화·TV 제작사 연맹은 강하게 반발했다. 제작사 입장에서는 인공지능을 활용하면 제작비가 줄어 쉽게 포기할 수 없는 것이다. 이는 인공지능과 이에 따라 사라지는 일자리를 두고 일어난 본격적인 갈등이다. 갈등 끝에 제작사 연맹과 배우·방송인 노동조합은 생성형 인공지능 사용과 관련하여 합의했고, 2023년 11월 배우 파업이 끝났다.

차지한 일*도 있다. 이런 흐름 속에서 사람들은 인공지능이 많은 직업을 대신하리라 예상한다. 하지만 로봇 배우나 가상 배우가 등장한다고 사람 배우가 밀려나지는 않는다. 배우는 연기로 사람과 소통한다. 개성을 표현하고 창조하는 일이기 때문에 기술로 대신하기 어렵다. 배우는 인공지능이 대체하기 어려운 직업으로 꼽힌다. 미래에도 배우는 여전히 열정과 '끼'를 가진 사람 몫이다.

어떻게 배우가 될 수 있나요?

연기를 전공하고 오디션을 보는 길

누구나 배우가 될 수 있다. 학력, 경력, 나이 등 제한은 없지만, 연기력은 기본으로 갖춰야 한다. 배우가 되려고 고등학교나 대학에서 연기를 공부하기도 한다. 2021년을 기준으로 우리나라에 연기를 가르치는 곳은 예술고등학교(특수 목적 고등학교)를 비롯한 여러 학교와 평생 교육 시설 등을 포함하여 모두 17곳이 있다. 이곳에 입학할 때는 실기 시험을 치른다. 지원자는 대부분 사설 학원에서 미리 연기를 배운다. 많은 4년제 대학, 2년제 대학, 한국예술종합학교 등에 연기 관련 전공이 있다. 연기 관련 전공을 하기 위해서도 실기 시험을 치러야 한다. 학교에서 정해주는 '지정 연기', 수험생이 대사를 정해 준비하는 '자유 연기' 등을 테스트한다. 시험 당일 학교에서 대사를 정해

주고 잠깐 연습한 다음 연기를 펼치는 시험을 치르기도 한다. 문장이나 몇 개 단어만 주고 즉석에서 연기를 하는 '즉흥 상황 연기'를 요구하는 학교도 있다.

연기를 전공했다고 바로 연극이나 영화에 출연할 수 있는 것은 아니다. 배우가 되려면 '오디션'을 치러야 한다. 연극이나 영화, 드라마 배역에 지원하는 사람은 감독이나 연출가, 작가 등 앞에서 연기 실력을 입증하고, 자신이 얼마나 그 배역에 잘 어울리는 배우인지 증명해야 한다. 오디션은 비공개로 관련자끼리 진행하기도 하고, 공개해서 대규모로 치르기도 한다. 방송국에서 TV 프로그램으로 만든 오디션도 있다. 재학 중에 오디션에 합격해 배우로 활동하는 학생도 있다.

배우가 되는 여러 길

학교에서 연기를 배우지 않아도 배우가 될 수 있다. 우연히 감독이나 작품 관련자와 길거리에서 만나 배우로 데뷔하는 일도 있다. '길거리 캐스팅'이라 한다. 자기가 연기하는 모습을 직접 촬영해 포트폴리오를 만들어 연예 기획사에 보내 배우가 된 사람도 있다. 유튜브나 인터넷에 올린 영상으로 유명해져 배우가 되기도 한다. 가수로 일하다가 활동 영역을 넓혀 배우로서 연기를 하는 사람도 있다. 연예인 매니저 등으로 일하다가 배우가 되기도 한다. 배우가 되는 길은 한 가지가 아니다. 다른 전문 직업을 가지고 일하다가 배우가 된 사람도 많다.

다양한 경험은 훗날 배우 활동에 큰 도움을 준다.

배우 현황

배우 숫자는 딱 잡아 이야기하기 힘들다. 매년 활동을 시작하는 배우가 생기기도 하고 더 이상 활동하지 않는 배우도 많다. 정부나 협회에서는 배우를 특별히 관리하거나 집계하지 않는다. 다만 방송 연예 분야에 1만 6천여 명, 연극 분야에 2만여 명, 영화 분야에 8천 2백여 명이 종사한다고 추산한다(「2020년 예술인 실태조사 통계정보 보고서」, 문화체육관광부).

연예 관련 직업은 사람마다 수입이 천차만별이다. 거의 돈을 벌지 못하는 무명 연극배우부터 1년에 수백억 원 넘게 버는 할리우드 스타까지 다양하다. 유명해질수록 배우로서 연기하여 벌어들이는 수입 외에도 광고 수입, 영화 흥행 수입 등이 더해진다. 부익부 빈익빈이 심한 직업이고, 그다지 안정적이지는 못하다. 수입이 많은 몇몇 배우만 보고 선택하기에는 어려운 직업이 분명하다.

패션과 상품을
빛나게 하는 모델

모델의 탄생과
변화

패션 상품이 어떤 모습인지 보여주고 돋보이게 하는 모델 직업이 등장한지는 200년이 채 되지 않았다. 서양의 귀족과 부유층이 옷을 지을 때 옷의 형태를 확인하기 위해 사용한 '패션 인형'이 먼저 생겼다. 19세기에 이르러서야 사람이 인형 대신 옷을 입고 모델 역할을 시작했고 여러 모델이 옷을 입고 행진하는 패션쇼도 등장했다.

첫 모델이 등장하기까지

모델의 역할

상품을 만들면 팔기 위해 광고한다. 광고에서는 사람이 직접 입고, 쓰고, 먹고, 마시고, 이용하는 모습을 보여준다. 얼마나 옷이 아름다운지, 자동차가 안전한지, 커피가 맛이 있는지 등을 알린다. '모델'은 이 일을 전문으로 하는 사람이다. 화가, 조각가, 사진가 등은 눈에 보이는 예술 작품을 만드는데, 사람을 그리고, 조각하고, 사진을 찍을 때가 있다. 이때도 모델과 함께 작업한다. 모델은 무대 위에서, 카메라 앞에서 여러 자세를 취하고, 걷고, 뛰고, 춤도 춘다.

직업 '모델'이라고 하면 패션쇼나 TV, 잡지 광고에 등장하는 모델을 떠올린다. 패션 산업이 산업 규모가 큰 만큼 패션모델이 많은 것이다. 이 책에서는 특히 패션 상품을 선보이는 직업 모델을 다룬다.

인형에 옷을 입혀 유행을 파악하다

문예 부흥기(르네상스) 유럽에서는 중세 시대에 침체되었던 각종 문화, 예술 분야가 다시 피어났다. 옷을 잘 입는 일이 유럽 여러 나라 궁정과 귀족에게 중요해졌다. 나라 사이에 서로 경쟁하며 유행을 이끌어 나가려 했다. 외교관들은 자기 나라에 외국 패션*을 보고했다. 당시에는 옷을 미리 만들어서 사람들에게 파는 게 아니라 사람들의 주문에 따라 맞춤 제작해서 팔았다. 그래서 보고를 할 때 글과 그림으로 유행을 설명했는데, 글과 그림만으로는 옷을 정확하게 다시 만들기 어려웠다. 특히 옷감을 만져봐야 알 수 있는 촉감을 제대로 전하지 못했다. 그래서 사람들은 인형에 옷을 입혀 보여주었다. 외교관들은 그 나라에서 유행하는 옷을 입힌 인형을 구해 선물로 보냈다.

프랑스에는 '영국 여왕을 위한 인형과 옷장'을 만들기 위해 돈을 썼다는 15세기 무렵 기록이 있다. 인형을 만들어 영국 여왕에게 선물로 보냈으리라 짐작한다. 옷을 잘 차려입고, 머리와 장신구를 갖춘 인형을 '패션 인형', 또는 '판도라 인형'이라 한다. 외국으로 시집간 공주는 본국에 있는 어머니와 서로 패션 인형을 주고받았다. 옷을 만들고 난 다음에도 패션 인형을 귀중품으로 잘 보관했다. 아이들에게 선물하기도 하고 대대로 물려주기도 했다. 여자아이들은 이 인형으로 옷 입

---

* 특정 시기에 유행하는 옷, 머리, 화장, 장신구 등 스타일.

17세기 패션 인형

는 법, 자기를 드러내는 법을 배웠다.

18세기에는 옷 만드는 사람과 옷 파는 상인들이 패션 인형을 만들었다. 이들은 상점 창문에 인형을 전시해 자기 옷을 광고했다. 19세기 초까지 옷 가게에서 패션 인형을 사용했다. 옷을 맞춘 손님에게 패션 인형으로 미리 옷이 어떤 모습일지 알려주었다. 19세기 이후 그림을 넣은 패션 잡지가 유행하면서 패션 인형은 인기가 줄었다.

때로는 각국의 스파이들이 패션 인형 속에 비밀문서를 넣어 국가의 중요 정보를 외국으로 보내기도 했다. 이를 막기 위해 나폴레옹은 프랑스에서 패션 인형을 금지하기도 했다.

'이사벨라 데스테'는 이탈리아 르네상스 시대 문화를 주도한 여성이다. 그녀는 16세기 이탈리아 북부의 도시 '만토바'를 다스리는 영주 부인이었다. 이사벨라 집안은 유럽 대부분 나라 왕과 친척이었다. 그래서 그녀를 '세계의 영부인'이라 했다.

아들 '페데리코 곤차'가 잠시 프랑스 파리에 인질로 잡혀갔었다. 아들은 어머니에게 "국왕께서 어머님이 입는 셔츠, 소매, 속옷, 겉옷, 드레스를 입고 어머님의 머리 장식, 머리 모양을 한 인형을 보내주기를 원하십니다. 국왕은 인형을 보고 프랑스 여성에게 선물하기 위한 옷을 만들려고 합니다. 가능한 한 빨리 인형을 보내주시겠습니까?"라고 편지를 보냈다. 이사벨라는 '우리가 몸과 머리에 입는 모든 방식을 따른 인형'을 기꺼이 만들어 드리겠다고 답했다.

이사벨라 데스테의 초상

사람 모델과 패션쇼가 등장

19세기 중반 인형 대신 사람이 패션을 선보이기 시작했다. 영국 패션 디자이너 '찰스 프레데릭 워스'는 1858년 프랑스 파리에 옷 만드는 가게를 열었다. 솜씨가 뛰어나 많은 유럽 왕족과 귀족이 그에게 옷을 주문했다. 당시에는 고객이 옷을 어떻게 만들지 상세하게 주문했고, 옷 만드는 사람이 직접 손님을 찾아가 상담하고 주문을 받았다.

하지만 워스는 고객에게 옷감과 색 정도만 고르게 한 다음 디자인했다. 옷 주문 역시 손님이 가게에 찾아와 직접 하도록 했다. 처음으로 자기가 만든 옷에 '상표'를 붙였다. 찰스 프레데릭 워스가 운영하는 의상실은 옷을 맞추러 오는 사람으로 늘 붐볐고 파리 상류층 부인들이 모이는 사랑방이 되었다.

프레데릭 워스는 자신이 만든 옷을 손님에게 소개할 때 처음으로 인형 대신 실제 사람에게 옷을 입혀서 보여주었다. 첫 모델은 부인인 '마리 버넷 워스'였으리라 짐작한다. 그 뒤로도 20~30대 여성을 모델로 고용해 자신의 옷을 선보였다. 사람들은 처음에는 사람 모델을 보고 당황했으며 그리 좋게 보지 않았다. 돈을 벌기 위해 몸을 꾸며 내보이는 일은 비도덕적이라 여겼다.

20세기 초 영국 패션 디자이너 '루실 크리스티아나'는 처음으로 모델이 행진하는 패션쇼를 열었다. 노동자 계급 젊은 여성을

마리 버넷 워스

모아 옷을 입혀 줄지어 걷게 했다. '마네킹* 퍼레이드'라 했다. 크리스티아나는 런던 귀부인들을 초대해 마네킹 퍼레이드를 보여주었다. 귀부인들은 차를 마시며 모델이 입은 옷을 구경했다. 그녀는 마네킹 역할을 하는 여성에게 옷 입는 법, 화장하는 법 등을 가르쳤다. 처음으로 전문 모델을 양성한 것이다. 당시 모델은 표정을 드러내지 않았고 고객과 눈을 마주치면 안 되었다. 조심스럽게 걷는 걸음걸이도 오늘날과 별다르지 않았다.

옷을 만들 때 왕비나 귀족 부인의 신체 사이즈를 매번 잴 수는 없었

---

* 옷을 입혀두는 사람 모형

다. 디자이너는 고객과 체형이 흡사한 사람을 모델로 뽑아서 이들에게 옷을 입혀보고 만들었다. 이들을 '피팅모델'이라 했다. 피팅모델은 고객 체형에 따라 일부러 살을 찌우기도 했다. 살아있는 마네킹 역할이었다. 모델은 고된 직업이었고 수입도 적었다. 그래도 모델은 당시 여성이 가질 수 있는 몇 안되는 전문 직업이었다. 멋진 옷과 장신구를 착용할 기회도 얻었다. 많은 젊은 여성들은 모델이 되고 싶어 했다.

잡지와 표지 모델

19세기가 되면 많은 사람이 신문과 잡지를 읽었다. 뉴스뿐 아니라 취미나 생활, 패션, 문화와 예술을 다루는 잡지도 많았다. 여성을 위한 잡지도 나왔다. 1806년 영국에서 「라 벨르 어셈블리」라는 잡지를 펴냈다. 이 잡지는 패션을 중요한 내용으로 다뤘다. 유명인들이 입는 옷, 최신 유행, 옷 만드는 방식 등을 실었다.

라 벨르 어셈블 창간호

여성 잡지는 점점 늘어났다. 1830년 미국에서는 「고디의 레이디스 북」이라는 여성 잡지가 나왔다. 이 잡지에는 채색한 옷 그림을 실었다. 산책할 때 입는 옷, 차 마실 때 입는 옷 등 일상생활과 패션을 연결했다. 1870년대에는 매달 15만 부나 팔릴 만큼 인기를 끌었다.

보그지 표지 모델, 1892년 12월호(보그 아카이브)

1867년 「하퍼스 바자」가 등장했다. 중류, 상류층 여성을 고객으로 패션, 미용, 대중문화를 집중해서 다루었다. 본격적인 패션 잡지다.

1892년에는 「보그」지가 탄생했다. 보그는 오늘날까지 유명한 패션 잡지로 발전했다. 잡지는 기사와 관련된 그림을 실었다. 특히 제일 앞표지를 잡지를 대표하는 이미지로 장식했는데, 사람 모습을 싣기도 했다. 잡지 표지에 등장하는 사람을 '표지 모델'이라 했다. 잡지 표지 모델은 여성이 많았다. 잡지 표지에 등장하는 여성을 '커버걸'이라 부르기 시작했다. 19세기 말부터는 그림 대신 사진을 쓰기도 했지만 아직 사진과 인쇄 기술이 충분하지 않아 대부분 사진 대신 그림을 넣었다.

20세기 이후
모델

20세기 들어 모델은 전문 직업으로 자리 잡았다. 모델을 양성하고 활동을 지원하는 모델 에이전시도 생겼으며 전 세계에 패션쇼를 방송으로 내보냈다. 모델은 젊은이들이 선망하는 직업이 되었다. 모델이 되는 조건은 매우 까다롭고 경쟁도 치열하지만 매년 수많은 사람이 모델 직업에 도전하고 있다.

전문 직업으로 자리 잡는 모델

모델과 모델 에이전시

1910년 미국 '워너메이커 백화점'에서 유럽식 패션쇼를 도입했다. 백화점 식당에서 점심시간에 모델이 옷을 선보였다. 20세기 옷과 장신구 등 패션 산업은 전 세계적으로 성장했다. 이전까지 있었던 '모델'이라는 직업에 관한 안 좋은 인식이 조금씩 달라졌다. 패션 산업이 발전하며 모델을 필요로 하는 곳이 늘었다. 사람들은 신문과 잡지, 영화와 방송 등 매체에서 모델을 흔히 볼 수 있었다.

모델은 점점 좋은 직업이 되어갔다. 특히 젊은 여성들은 모델 직업을 부러워했다. 모델을 대신해 일거리를 찾아 소개하는 회사인 '모델 에이전시'가 등장했다. 1923년 뉴욕에 첫 모델 에이전시가 문을 열었다. 모델 에이전시는 모델 지망생을 뽑아 가르쳤고 자기 회사

소속 모델을 업체에 광고했다. 모델이 받는 돈도 늘어났다. 1930년 대 미국 모델은 보통 1주일에 40~65달러를 받았다. 요즘 우리 돈으로 하면 100만 원~160만 원 정도 가치다. 1940~1950년대 유명 모델은 일하는 시간에 따라 돈을 받았다. 보통 시간당 25불, 지금 가치로 70만 원 정도였다. 당시 최고 인기를 누리던 모델 '도비마'는 시간당 60불을 받았다. 그녀를 '1분에 1달러 여인Dollar-a-Minute girl'이라는 별명으로 불렀다.

사진 모델과 런웨이 모델

1950년대에 패션모델은 크게 두 종류로 나뉘었다. 하나는 패션쇼에 출연하는 '런웨이 모델'이다. 런웨이는 모델이 걸어가는 좁고 긴 무대다. 런웨이 모델은 이 길을 독특한 걸음걸이로 걷는다. 옷이나 장신구를 최대한 잘 드러내기 위한 걸음걸이다. 고양이 걸음과 비슷하다고 해서 '캣워크'라 한다.

의상실(옷을 만들고 파는 가게)이나 패션 디자이너가 여는 각종 행사 무대에서 고객에게 옷이나 장신구 등을 선보인다. 잡지나 의상 안내서(카탈로그)는 패션 사진을 많이 싣는다. 신문과 인쇄물은 각종 상품 광고 사진을 담는다. 이 사진에 등장하는 모델이 '사진 모델'*이다. 사람들은 여러 인쇄물에서 사진 모델을 쉽게 접할 수 있었다. 런웨이 모델보다 사진 모델이 대중으로부터 인기를 얻기 쉬웠다. 인기만큼 돈도 더 많이 받았다.
모델 중에서 으뜸으
로 쳤다.

상파울루 패션 위크 런웨이를 걸어가는 모델들
ⓒHugo Schneider

---

* 인쇄물에 나온다는 뜻으로 '프린트 모델'이라고도 한다.

패션 사업과
모델 직업 변화

고급 맞춤옷에서 대중적인 기성복으로

1960년대 문화와 예술을 젊은이들을 중심으로 한 '대중'이 주도하기 시작했다. 패션 분야도 변했다. 패션은 원래 특권층이나 부유층을 위한 옷에서 시작했다. 한 사람을 위한 특별한 맞춤옷 '오트 쿠튀르'가 패션을 이끌었다.

1960년대가 되면서 오트 쿠튀르는 점차 힘을 잃었다. 대중을 위한 옷이 패션 산업을 주도했다. 같은 디자인으로 여러 벌을 만들어 상점에서 누구나 살 수 있는 옷을 '기성복'이라 한다. 1960년 파리에서는 고급 기성복을 선보이는 패션쇼를 열었다. '프레타 포르테* 쇼'라 한

---

* 프레타 포르테는 프랑스어로 기성복이란 뜻이다.

다. 유명 패션 디자이너들은 경제적 여유가 있는 중산층을 겨냥해 기성복을 만들기 시작했다. 옷뿐 아니라 가방, 벨트, 스카프, 장갑, 선글라스, 향수 등에 자기 이름

2013년 스페인 바르셀로나에서 열린 프레타 포르테 쇼

을 넣어 만들었다. 흔히 말하는 '명품 브랜드'다. 유명 디자이너는 대개 이름만 빌려주었다. 대신 제품 품질을 철저히 검사해 브랜드의 명성을 지켰다.

모델이 하는 일도 덩달아 늘어났다. 모델은 가방, 벨트, 향수, 선글라스 등 각종 액세서리도 광고했다. 런웨이 모델도 화보를 찍고, 사진 모델도 런웨이에 서기 시작했다.

모델 업계 변화

패션 산업 규모와 함께 모델 시장도 커졌다. 패션 회사는 앞다투어 유명 모델을 고용했다. 유명 모델은 대부분 사진 모델이었는데, 이들도 런웨이로 진출했다. 잡지에서만 얼굴이 나오던 스타 모델들이 패션쇼에 등장했다. 사진 모델에 비해 유명하지 않은 런웨이 모델은 점

'트위기' 연예 산업을 이끈 모델

우아하고 세련된 미인들이 여성 모델로 활약했다. 1966년 새로운 모델 한 명이 이런 스타일을 바꿔 놓았다. 그녀는 '트위기'라는 예명을 썼다. 트위기라는 이름은 '나무 잔가지(twig)'에서 따왔다. 다리가 마치 나뭇가지처럼 가늘다고 해서 붙인 이름이다. 그녀는 40kg도 안 나가는 마른 몸매였다. 말괄량이 소녀 같은 표정과 자세를 취했고 머리도 남자처럼 짧게 잘랐다. 트위기가 입은 짧은 치마 '미니

스커트'는 전 세계에서 유행했다. 전 세계 소녀들이 트위기에 열광했다. 트위기처럼 마르게 보이려고 다이어트를 했다. 그녀가 입은 옷을 따라 입고 트위기 인형, 도시락, 볼펜, 양말, 수영복 등도 샀다. 트위기는 배우와 가수로도 활약했고 책과 음반도 냈다. '트위기 엔터프라이즈'라는 회사가 만들어졌다. 트위기 자체가 '연예 산업'이 되었다.

트위기의 활동 당시 모습

점 뒤로 밀려났다. 패션 잡지는 화보에 신인 모델이나 모델 지망생을 주로 썼다. 패션 화보를 찍지 않는 모델은 다른 제품 광고, 상업 광고 쪽으로 빠졌다.

이전에는 모델을 크게 런웨이 모델과 사진 모델로 나눴다. 1970년대 이후부터는 화보를 찍거나 런웨이에 서는 모델과 상업 광고를 찍

는 모델로 구분했다. 점차 패션쇼는 화려해졌다. 1980년대부터는 패션쇼를 TV에서 중계했다. 패션쇼도 대중음악 스타 공연처럼 화려한 무대와 조명, 각종 연출을 자랑했다. '슈퍼 모델'이라 불리는 스타 모델도 탄생했다. 슈퍼 모델은 패션쇼 주인공은 물론 각종 잡지 표지를 장식했다. 영화에도 모델이 주인공으로 자주 등장했다. 청소년들은 모델이 되기를 꿈꾸었다.

1990년대 이후 디지털 기술이 가져온 변화

1990년대 이후 디지털 기술이 발전하면서 인터넷이 전 세계를 연결했다. 모델과 모델 에이전시는 전 세계를 상대로 활동하기 시작했고, 큰 모델 에이전시는 수십 개 나라에 지사를 두었다. 전 세계 어디든 광고주가 원하는 모델 사진과 영상을 바로 보낼 수 있다. 덕분에 모델을 찾고 알리는 일이 쉬워져 모델 에이전시도 많이 생겼다. 모델 에이전시가 늘어난 만큼 모델 숫자도 늘었다.

모델을 뽑는 행사도 많아졌다. TV에서는 대규모 모델 선발 경연 대회를 열었다. 수많은 모델 지망생이 에이전시로 몰렸다. 모델이 많아지자 모델 한 사람이 버는 돈은 오히려 줄어들었다. 유명 배우, 가수, 운동선수가 모델 일을 하기 시작했다. 상업 광고뿐 아니라 패션 광고에까지 직업 모델 대신 유명인이 진출했다. 가장 주목받는 패션 잡지 표지 모델도 직업 모델이 아닌 배우나 가수가 차지했다. 늘어난 모델 수, 낮아진 모델료, 다른 연예인들과 경쟁 등으로 직업 모델은 어려움을 겪고 있다. 하지만 최고 수준에 이른 모델은 여전히 엄청난 스타로 대접받는다. 모델은 활동 기간이 다른 직업에 비해 짧다. 모델로 시작했다가 방송, 연기, 노래 등 다른 분야로 진출하기도 한다. 매년 많은 모델이 그만두지만 매년 일을 그만둔 숫자보다 훨씬 많은 사람이 직업 모델로 첫걸음을 내디딘다.

중국 패션과 모델

서양식 패션쇼와 모델

20세기가 되어서야 중국에 '모델', 특히 '패션모델'이란 직업이 등장했다. 19세기 말 중국에 처음 영화가 들어왔다. 1920년대가 되면 큰 도시 중심으로 오락 영화가 등장하기 시작했다. 서양식 영화를 만드는 제작자들은 의상도 직접 준비했다. 전문가를 고용해 배우가 입는 옷을 디자인했다. 배우들은 이 옷을 입고 영화를 광고했다. 디자이너도 자기가 만든 옷을 배우에게 입혀 광고했다.

'차이성바이蔡声白'는 중국 비단 산업을 주도하던 사업가였다. 차이성바이는 1914~1919년 동안 미국에서 고등학교와 대학교에 다녔다. 어려서부터 서양식 패션에 익숙했다. 그는 1930년 상하이에서 중국인으로는 처음 패션쇼를 열었다. 상하이 '다화 호텔' 연회실에서 사흘간 진행했다. 새로이 옷 24벌을 만들어 무대에 올렸다. 패션쇼를 위해 외국 모델도 고용했다.

인민복과 평범한 모델

1927년부터 1936년까지 국민당과 공산당이 패권을 두고 내전을 벌였다. 1937년부터 1945년까지는 일본 침략에 맞서 싸웠다. 1949년 중화인민공화국이 탄생한 후 오랜 기간 옷차림과 장신구는 단순한 스타일을 유지했다. '중산복', 혹은 '인민복'이란 옷차림이 중국을 대표했다. 중산복은 중국 신해혁명을 이끈 혁명가 '쑨원'이 즐겨 입던 옷이다. 쑨원의 별명이 '중산(中山, 우리 발음으로 중산)'이었다. 1928년부터 중국 국민당 정부는 중산복을 공식 의복으로 정했다. '마오쩌둥'을 비롯한 공산당 지도자들도 중산복을 입었다. 중산복 스타일을 조금 바꾸고 '인민복'이라 부르기 시작했다. 중화인민공화국 정부는 인민복을 입도록 권장했다. 공산당 간부나 고위 관리는 공식적인 자리에서 늘 인민복을 입

중산복을 입은 두 지도자, 국민당을 이끈 장제스(왼쪽)와 공산당을 이끈 마오쩌둥(오른쪽)

었다. 노동자, 농민, 군인, 교사, 우체부 등 보통 사람이 인민복을 입고 각종 선전에 모델로 등장했다. 문화 혁명 시기에는 서양식 옷차림을 찾아보기 어려웠다. 인민복을 입지 않고 서양식 옷을 입으면 큰 봉변을 당하기도 했다.

활발해진 모델 활동

마오쩌둥이 죽고 중국은 개혁과 개방을 택했다. 1979년 세계적인 패션 디자이너 '피에르 가르뎅'이 모델 12명을 데리고 중국에서 패션쇼를 열었다. 중국인들은 이 쇼를 보고 처음으로 세계적인 패션 흐름에 눈을 떴다. 피에르 가르뎅은 이후에 중국에 의상 스튜디오를 열어서 중국 모델을 가르쳤다. 파리로 중국 모델을 데려가 무대에 세우기도 했다.

1981년에는 중국인이 처음으로 패션쇼를 열었다. 당시 중국은 모델을 '복장표연대'라 했다. '옷(복장)을 내보이는(표연) 조직(대)'이라는 뜻이다. 모델은 의류 회사 등 회사에 속한 직원이었다. 급여를 받았고 패션쇼에 나가면 수당을 받았다. 모델을 보는 눈은 그리 곱지 않았다. 몸매가 드러나는 옷을 입고 사람 앞에 서는 모델을 '정숙하지 못하다'라고 여겼다.

1983년 당시 총리 '자오쯔양'이 패션모델을 초청했다. 자오쯔양은 모델들이 용기 있게 개혁과 혁신에 나섰다고 칭찬했다. 이때부터 사

뉴 실크로드 로고, 중국을 넘어 국제 모델
선발 대회로 발전했다.

회에서 모델이라는 직업을 존중하기
시작했다. 서양에 진출하는 모델도
나왔다.

1983년 '시카이'는 프랑스 파리로
나가 활동했다. 런웨이에 오르고 유
명 잡지 화보를 찍었다. 1989년 '뉴
실크로드'라는 첫 번째 중국 모델
선발 경연 대회를 열었다. 이 대회
는 많은 신인 모델을 배출했다. 몇몇은 슈퍼 모델로 이름을 날렸다.
TV에서 이 대회를 방영했는데 1990년대 가장 인기 있는 프로그램이
었다. 모델을 양성하는 학교도 문을 열었다. 쑤저우 대학교 예술대학
에서 1989년 처음으로 모델 양성 프로그램을 만들었다.

최근 중국 패션 산업과 모델

1990년대 이후 중국에서 모델은 전문 직업으로 자리 잡았다. 사람
들은 패션쇼를 즐기기 시작했다. 호텔과 대형 식당 등에서 패션쇼를
열었다. 세계 무대에서 활약하는 중국 모델도 늘었다. 1992년 '첸지
엔훙'은 '세계 모델 경연 대회'에 중국 대표로 나가 우승했다. 많은 중
국 모델이 세계 무대에서 활약한다.

21세기 들어 중국 패션 산업과 시장은 크게 성장해서 미국과 세계

2024년 상하이 패션 위크 포스터(상하이 패션 위크 공식 홈페이지)

1, 2위를 다툰다. 특히 인터넷으로 의류와 장신구 등을 거래하는 규모가 크다. 2025년에는 세계 명품 브랜드 소비 중 45%가 중국에서 이뤄지리라 예상한다. 뉴욕, 런던, 밀라노, 파리 등에서 열리는 패션 위크*에는 중국 시장을 겨냥한 디자인이 등장한다. 상하이에 열리는 패션 위크에도 세계 유명 디자이너와 브랜드가 참가한다. 여기서는 중국 디자이너와 중국 문화를 강조한 패션쇼가 따로 열린다.

　패션 산업이 커지는 만큼 모델 활동도 늘어났다. 중국인 중에서 모델을 지망하는 사람은 셀 수 없이 많다. 혹독한 훈련과 경쟁에서 살아남아야만 모델로 성공할 수 있다.

---

* 특정 도시에서 1주일 정도 여러 패션 브랜드가 모여 집중적으로 패션쇼를 여는 행사.

우리나라 패션모델

서양식 옷과 머리 모양을 도입

개항 이후 우리나라에도 서양식 옷, '양복'이 들어왔다. 1881년 정부 관리가 '조사시찰단'*으로 일본을 방문했다. 이들이 돌아오면서 처음으로 양복을 입었다. 1895년 정부는 성인 남성에게 상투를 자르고 서양식 짧은 머리를 강요하는 '단발령'을 내렸다. 유교적 전통에 맞지 않는 단발령에 사람들은 강력히 저항했다. 고종 황제도 머리를 자르고 서양식 예복을 입었다. 그래도 짧은 머리가 퍼질 때까지 많은 시간이 걸렸다.

여성 교육자 '윤고려'는 아버지를 따라 어려서 미국에서 학교에 다

---

* '신사 유람단'이라 했다.

넜다. 일본에서도 공부하고 1899년 돌아왔다. 그 후 영어 교사, 여학교 교장으로 활동했다. 그녀가 우리나라에서 처음으로 서양식 여성옷, '양장'을 입었다. 대한제국 고종 황제 후궁인 '엄귀비'*도 양장을 입었다. 엄귀비는 서양 문물을 적극적으로 수용했다. 여성 교육에도 힘써 '진명여학교'와 '명신여학교(훗날 숙명여자고등학교)'를 세웠다.

뿌리를 내리는 패션 관련 사업

1920년대가 되면 우리나라에도 서양식 옷이 많이 퍼졌다. 보통 사람들도 양복과 양장을 입기 시작했다. 1930년대 서울 종로, 명동, 충무로 일대에는 양복점이 많이 생겼다. 최경사는 우리나라 패션 산업이 시작하는 토대를 마련했다. 그녀는 1911년 함경남도 안변에서 태어났다. 일본 오차노미즈 양장전문학교에서 패션을 공부했다. 돌아온 다음 1937년 함흥에서 여성 전문 양장점 '은좌옥'을 열었다. 1938년에는 '함흥양재전문학원'을 세웠다. 옷 만들기를 가르치는 우리나라 첫 번째 교육기관이었다. 최경자는 1948년에는 서울로 내려와 '국제양장전문학원'을 세웠다.

---

* '귀비'는 황후 다음으로 높은 후궁이다. 고종은 황후가 없었기에 엄귀비가 실질적인 황후였다. 정식 명칭은 '순헌황귀비'다.

1950년대 우리나라 패션과 모델

우리나라는 일제로부터 해방되자마자 6·25 전쟁을 겪었다. 전쟁 중 세계 여러 나라 군인이 전쟁을 돕기 위해 우리나라에 왔다. 대중은 세계 여러 나라 사람들의 다양한 복식을 직접 목격했다. 전쟁이 끝나고 나서야 각종 산업과 문화 분야가 활동을 시작했다.

당시 영화 관람은 인기 있는 대중오락이었다. 배우들이 입고 나오는 옷이 유행을 주도했다. 명동에는 많은 양장점이 모였다. 1955년 탄생한 잡지 「여원」은 여성종합지로 인기가 많았다. 여원은 명동 양장점들이 만든 옷을 패션 화보로 실었다. 패션 디자이너 '노라 노'는

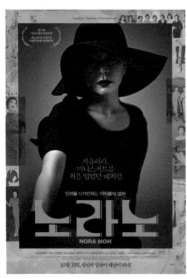

미국과 프랑스에서 공부했다. 명동에 양장점을 열었다. 1956년 반도 호텔에서 우리나라에서 처음으로 패션쇼를 열었다. 당시에는 직업 모델이 없었다. 영화배우, 무용가, 양장점 단골이었던 부인과 젊은 여성들을 모델로 무대에 올렸다. 단골손님에게 한 달 동안 걷는 법을 가르쳤다. 노라 노는 1959년에는 세계 미인대회(미스 유니버스 대

노라노의 일생을 다룬 다큐멘터리 영화 〈노라노〉(2013) 포스터

회)에서 의상상을 탔다. 1965년에는 하와이에서 첫 국제 패션쇼를 열기도 했다. 그녀는 이후에도 패션 디자이너로 활약했다. 노라 노가 여는 패션쇼 관객 중에는 영화감독이 많았다. 그들은 패션쇼를 신인 배우를 찾는 기회로 삼았다.

발전하는 패션 사업과 패션쇼

1960년대 TV가 전국에 퍼졌다. 외국 영화도 많이 들어왔다. 우리나라 사람들도 핫팬츠, 미니스커트 같은 세계적 유행을 따랐다. 모델도 전문 직업으로 자리 잡기 시작했다. 최경자는 1964년 '국제차밍스쿨'을 만들었다. 국제차밍스쿨은 우리나라에 처음 생긴 패션모델 양성기관이었다. 그녀는 1968년 「의상계」라는 패션 전문 잡지도 만들었다.

남성복 디자이너 '박치우'는 1965년에 첫 남성복 패션쇼를 열었다. 직업 모델이 아닌 영화배우와 탤런트가 무대에 올랐다. 1969년 시민회관(현 세종문화회관)에서 '제3차 아시아 신사복 패션쇼'가 열렸다. 우리나라에서 처음 열린 남성복 국제 패션쇼였다. 우리나라 전문 남성 모델 4명이 무대에 섰다. 그해 남성 모델들은 '왕실 모델 클럽'이라는 모임을 만들었다.

1972년에는 코리아 모델 클럽이 생겼다. 이 클럽들은 남성 모델 에이전시 역할을 했다. 회원들은 패션모델을 전문 직업으로 만들기 위해 노력했다. 남성 모델은 한번 패션쇼에 나가면 3~5만 원을 받았는데, 당시 대기업 월급과 비슷했다.

세계적 흐름과 함께

1980년대 우리나라 패션 산업과 모델이 본격적으로 성장했다. 사회와 문화가 크게 달라졌으며, 컬러 TV 방송이 시작되기도 했다. 사람들은 흑백 TV에서 볼 수 없었던 다채로운 의상을 안방에서 목격했다. 당시 중, 고등학교 학생들은 학교에서 정한 교복만을 입었는데 1983년 교복을 없애고 자유로운 복장을 허락했다.* 청소년을 위한 옷이 많이 만들어지고 이 옷을 선전하는 모델도 늘어났다. 이전에는 외국에 가려면 정부로부터 허락받아야 했는데, 1989년에는 자유롭

2023년 봄에 열린 서울 패션 위크 포스터(서울 패션 위크 공식 홈페이지)

게 해외여행을 할 수 있게 되었다. 국제 교류가 활발해지면서 외국 브랜드도 국내에 들어왔다. 외국에서 유행하는 옷을 바로 접할 수 있었다.

모델도 전문 직업으로 뿌리 내렸다. 70년대까지만 해도

* 1986년 교복 착용이 부활했으며 학교마다 다양한 디자인의 교복을 도입했다.

대중에게 친숙한 스타 배우, 가수 등 연예인이 모델 역할을 주로 했다. 1980년대에는 본격적인 직업 모델과 모델 에이전시가 활동을 시작했다. 1983년 '모델라인', 1984년 '모델센터'라는 에이전시가 등장했다. 두 에이전시는 모델 업계 양대 산맥이었다. 여기서 수많은 모델을 양성했다. 이후 생기는 모델 에이전시는 대부분 이 둘에 뿌리를 두었다.

새로운 스타일을 개척한 모델

1980년대까지 우리나라에서는 키가 170cm 이하이며, 예쁘고 서구적인 얼굴을 모델로 선호했다. 1985년 유럽 무대에서 활약한 김동수는 달랐다. 175cm 큰 키에 짧은 커트 머리, 가느다란 눈과 광대뼈, 각진 턱을 가졌다. 1985년 김동수는 한국으로 돌아와 패션쇼 무대에 섰고, 국내 모델 업계에 신선한 충격을 주었다. 그녀는 "컴포짓 카드(줄여서 컴 카드)"를 처음 국내에 들어왔다. 컴 카드는 모델이나 배우가 자기를 소개하기 위해 사진, 신체 사이즈, 머리와 눈 색깔 등 정보를 넣은 명함이다. 김동수가 등장한 다음 우리나라 여성 모델 스타일이 달라졌다. 1990년대 전후로 여성 모델 평균 신장은 175cm가 되었다. 예쁜 얼굴보다 개성 있는 모델이 인기를 얻었다. 김동수는 패션쇼 외에도 대학교수, 방송인 등 다양한 분야에서 활약했다. 2018년에는 대중문화 발전과 국민 문화 향상에 이바지한 공으로 '대통령 표창'을 받았다.

오늘날과
미래의 모델

오늘날 모델은 다양한 영역에서 활약하고 있다. 패션쇼에서 런웨이를 걷는 모델부터 잡지, 광고, 피팅 모델 등 세부적으로 나뉜다. 전문 모델이 되기 위해 갖춰야 하는 조건과 모델이 되는 구체적인 방법을 알아본다. 더 나아가 모델 업계에 등장한 인공지능 기술이 어떤 시도를 하고 있는지 사례를 살펴본다.

오늘날 모델

모델이 하는 일과 종류

영어 '모델model'에는 '아주 좋거나 훌륭해서 본뜨거나 따르는 대상'이라는 뜻이 있다. 직업 모델은 패션쇼나 광고, 잡지 화보에서 사람들이 본뜨고 싶은 모습을 보여준다. 패션쇼에서는 무대, 조명, 의상 등에 맞춰 걸음걸이, 자세, 표정을 연기한다. 화보나 광고도 마찬가지다. 어떤 상품인지, 어떤 분위기인지에 따라 표현을 달리한다.

런웨이 모델

모델 하면 패션쇼에서 멋진 옷을 입고 긴 무대를 걸어오는 모습을 제일 먼저 떠올린다. 이 일을 주로 하는 모델이 '런웨이 모델'이다. 일부 유명 모델을 제외하고 대부분 모델은 패션쇼 무대에 오르기 전에 오디션을 거친다. 봄과 가을 전 세계 유명한 패션 위크가 열리면 많은 패션쇼가 열린다. 봄에는 가을과 겨울에 유행할 패션, 가을에는 다음 해 봄, 여름 패션을 소개한다. 이 시기가 런웨이 모델이 가장 바쁠 때다. 이 도시, 저 도시를 돌아다니며 하루에도 몇 번씩 패션쇼에 참석하기도 한다. 작은 패션쇼도 자주 열린다. 브랜드, 백화점, 쇼핑몰 등에서 고객을 위해 행사를 연다. 수영복, 속옷, 한복 등 다양한 옷을 주제로 패션쇼가 열린다. 모두 런웨이 모델이 활동하는 무대다.

사진 모델

'사진 모델'은 잡지나 인쇄물에 싣는 사진에 등장하는 모델이다. '프린트 모델'이라고도 한다. 잡지 화보에 주로 등장하는 '에디토리얼 모델', 브랜드나 상점에서 만드는 패션 카탈로그에 등장하는 '카탈로그 모델'을 나누기도 한다. 런웨이 모델은 사진 모델을 겸하기도 한다. 「보그」나 「엘르」 같은 세계적인 패션 잡지부터 작은 쇼핑몰에서 나눠주는 전단까지 인쇄물 수준은 제각각이다. 유명 잡지 화보에 등장하면 모델은 자기 얼굴을 널리 알릴 수 있다.

광고 모델

방송 프로그램 앞, 뒤, 혹은 중간에 나오는 광고, 영화 상영 전에 나오는 광고 등에 출연하는 모델이 '광고 모델'이다. 연예인이나 운동선수, 다른 유명인이 자주 나온다. 이름 없는 모델도 등장한다. 광고 한 편으로 스타가 되기도 한다. 광고에는 신체 조건이 뛰어나고 얼굴이 예쁜 모델만 등장하지 않는다. 광고하는 상품 특징에 가장 잘 어울리는 모델을 고른다. 광고 모델은 자연스러운 연기가 중요하다. 연기를 못하면 뛰어난 런웨이 모델이나 사진 모델도 광고 모델로 적합하지 않다.

피팅 모델

디자이너가 옷을 만들 때 돕는 모델이 '피팅 모델'이다. 디자이너들은 옷을 만드는 중간중간 마네킹에 입혀본다. 하지만 마네킹에 입히면 사람이 입었을 때 느낌을 정확히 알려주지 못한다. 피팅 모델에게 입혀 옷을 점검한다. 피팅 모델은 신체 사이즈가 가장 중요하다. 디자이너는 자기가 만드는 옷에 맞는 신체 사이즈 모델을 고른다. 옷을 입고 재단사가 핀을 꼽고 바느질하는 동안 몇 시간씩 서 있을 때도 있다. 신인 모델이 피팅 모델로 경험을 쌓기도 한다.

프로모션 모델

'프로모션 모델'은 박람회, 전시회, 이벤트, 개점 행사 등에서 활동한다. 무대에 올라 마이크를 들고 신제품을 설명한다. 자동차 옆에서 멋진 포즈를 취하고 고객과 함께 사진을 찍기도 한다. 영화나 만화 주인공 복장을 하고 분위기를 띄우기도 한다. 홈쇼핑 등에 출연해 물건 판매를 돕기도 한다. 행사에 따라 하는 일이 다양하다. 고객과 직접 만나는 만큼 예의가 바르고 말솜씨가 뛰어나야 한다.

부분 모델

신체 일부분만 사진이나 방송에 내보내는 모델이 '부분 모델'이다. 손, 발, 다리, 입술, 치아, 머리카락 등 대상 부위가 다양하다. 손 모델은 반지나 팔찌 등 장신구, 매니큐어 같은 손톱 관련 제품 광고에 나온다. 샴푸나 염색약 광고에는 머리카락 모델, 구두나 양말, 스타킹 광고에는 다리 모델이 등장한다. 부분 모델은 엄격하게 자기 장점을 키우고 관리한다. 손 모델은 장갑을 끼고, 손을 다칠만한 일을 하지 않는다. 다리 모델은 운동으로 늘씬한 상태를 유지한다. 혹시 모르는 상황에 대비하여 신체 부위에 고가의 보험을 들기도 한다.

플러스 사이즈 모델

모델은 보통 일반인 평균보다 키가 크고 날씬하다. 특별히 큰 사이즈 옷을 광고하는 모델도 있다. 이런 모델을 '플러스 사이즈 모델'이라 한다. 옷 외에 화상품, 생활용품, 선글라스, 신발, 시계 등 광고에 플러스 사이즈 모델이 나오기도 한다. 플러스 사이즈 모델로 구성된 패션쇼가 열리기도 한다.

예술 모델

'예술 모델'은 화가나 사진가, 조각가 등 시각 예술가가 작품을 창작할 때 포즈를 취한다. 인물화를 그리거나 인물 사진을 찍을 때 꼭 필요하다. 미술 학교에서 그림을 배울 때도 모델을 사용한다. 그림을 그리거나 사진 찍는 모임에서 비용을 나눠 예술 모델을 고용하기도 한다.

좋은 모델이 되려면

모델은 타고난 외모가 중요하다. 특히 패션모델은 옷을 가장 잘 나타낼 수 있는 키, 몸매, 신체 사이즈 등을 지녀야 한다. 외모를 보는 기준은 시대에 따라 다르다. 시대마다 원하는 얼굴과 몸매 스타일이 있다. 여기에 잘 맞는 신체 조건을 타고 나면 모델로 활동하기 좋다.

모델 일은 불규칙하다. 일이 몰려 바쁠 때도 있고, 한가할 때도 있다. 어떤 상황이든 철저한 자기 관리가 필요하다. 늘 규칙적으로 운동해서 몸매를 가꾸고 체력을 유지해야 한다. 체중 조절을 위해 마음대로 먹을 수도 없다. 스스로 절제하고 유혹을 참을 수 있어야 한다. 스트레스도 많이 받는다. 모델은 디자이너, 사진작가, 헤어 디자이너, 무대 연출가 등 여러 사람과 함께 일한다. 그래서 커뮤니케이션 능력이 필요하다. 여러 사람과 일하지만 패션쇼나 광고, 사진 등에서 모델은 항상 주인공이다. 기분이 좋지 않거나 힘이 들더라도 스스로 감정을 잘 조절해야 한다. 모델이 감정을 조절하지 못하면 다른 사람들도 영향받아 일을 망칠 수 있다. 목표를 향한 집념과 의지가 가장 중요하다. 모델은 '거절당하는 직업'이라고도 한다. 수많은 오디션과 선발 대회에서 탈락한다. 실패해도 좌절하지 않고 끝까지 도전하는 모델이 성공한다.

미래에 모델은
어떤 모습일까?

가까운 미래

모델 수가 어떻게 달라질지 정확히 예측하기 어렵다. 정부에서는 모델과 배우를 합쳐 예측했다. 배우와 모델은 2019년 1만 3천여 명 수준에서 2029년에는 1만 5천여 명 정도로 늘어날 것이라고 짐작한다(한국직업전망 2021, 한국고용정보원).

방송 매체가 늘고 마케팅 활동이 활발해지면서 모델 수요도 늘었다. 온라인 쇼핑몰도 크게 성장하면서 인터넷 영상에 등장하는 모델도 많아졌다. 건강식품, 의류 등 나이 든 사람을 대상으로 상품을 선전하는 '시니어 모델'도 늘고 있다. 모델은 활동 기간이 짧다. 다른 연예인들이 직업 모델이 하는 일에 활발히 진출하고 있는 만큼 직업 모델 활동 영역은 오히려 줄어들 수 있다.

가상 공간에서 열리는 패션쇼

전 세계에 코로나19 전염병이 유행할 때 많은 사람이 한자리에 모이지 못했다. 오프라인 패션쇼가 취소되는 상황에서 온라인 영상으로 패션쇼를 대신했다. 유명 도시에서 열리던 패션 위크도 온라인에서 진행했다. 프랑스 출신 모델이자 패션 잡지 편집장인 '카린 로이펠드'는 2022년 감염병 연구 단체인 'amfAR'과 함께 코로나19 퇴치를

가상 패션쇼, 모델은 자기 집에서 캣워크를 펼쳤다. 영상은 유튜브에 공개했다.

* Derek Blasberg, "YouTube's First Virtual Fashion Show", 2020. 5. 2. video, 32:06, https://youtu.be/bm8mbAPAWG0?si=UGtJLgDcSyAj_6xI

위한 가상 패션쇼를 열었다. 지금까지 볼 수 없었던 새로운 패션쇼였다. 이 패션쇼에서는 모델이 패션쇼장에 모이지 않았다. 저마다 자기 집이 런웨이인 것처럼 워킹하고 이 장면을 촬영해 온라인으로 공유했다. 유명 모델이 자기 집 거실, 부엌, 마당에서 멋지게 옷을 입고 워킹하는 모습을 수많은 사람이 시청했다. 팬데믹 상황이 나아지면서 오프라인 패션쇼가 재개되었다. 하지만 더 많은 패션쇼가 온라인 가상 공간에서 다양한 시도를 할 것이다.

생성형 인공지능과 모델

생성형 인공지능은 컴퓨터가 미리 학습한 자료를 바탕으로 새로운 콘텐츠를 만드는 기술이다. 이 기술을 이용해 디자인도 하고 가상 모델도 만들어낸다. 최근에 '해리 포터 바이 발렌시아가'라는 짧은 동영상이 큰 관심을 끌었다. 유명한 소설 '해리 포터'에 나오는 인물들이 1990년대 '발렌시아가'라는 패션 브랜드 스타일로 만든 옷을 입고 나온다. 이 동영상은 'demonflyingfox'라는 ID를 쓰는 사람이 생성형 인공지능 도구로 몇 시간 만에 만든 것이다. 우선 '챗지피티 ChatGPT'*라는 인공지능 프로그램을 써서 소설 등장인물을 1990년대 발렌시아가 스타일로 꾸며달라고 요청한다. 챗지피티는 글로 각

---

* 질문하면 답을 주는 '대화(Chatting)'형, 글을 만들어내는 '생성(Generative)'형 인공지능이다. https://chat.openai.com/auth/login에서 가입한 다음 사용할 수 있다.

각의 특징을 묘사한다. 이 결과를 이미지로 만들어주는 '미드저니'라는 생성형 인공지능에 입력한다. 음성을 합성하는 인공지능에 대사를 넣으면 목소리를 만들어준다. 이를 모두 합쳐 1990년대 발렌시아가 스타일로 디자인한 옷을 입은 해리 포터 등장인물 영상을 만든 것이다.

인공지능으로 만든 옷으로 패션쇼를 열기도 한다. 미국 뉴욕에서는 AI가 디자인한 옷을 입고 AI 모델이 런웨이를 걷는 AI 패션 위크도 생겼다. 패션 산업에서는 인공지능이 만든 가상 모델을 적극적으로 활용하려 한다. 청바지로 유명한 리바이스는 웹 사이트에 피부색과 체형을 입력하면 가상 모델을 만들어 옷을 입혀볼 수 있는 서비스를 도입하려고 한다. 우리나라 유명 패션 잡지에는 가상 패션 모델 '나온'이 찍은 화보가 실리기도 했다.

가상 모델을 사용하면 비용이 적게 든다, 바다나 산에 가지 않고도 가상 배경으로 화보를 만들 수 있다. 사람

인공지능으로 만든 발렌시아가 스타일 해리 포터 *

* demonflyingfox, "Harry Potter by Balenciaga", 2023. 3. 16. video, 0:55, https://youtu.be/iE39q-IKOzA?si=lA6rp1TftrCv7nI-.

과 달리 가상 모델은 아무리 어려운 자세도 취할 수 있고 화장, 헤어스타일, 조명, 무대 전문가가 필요 없다. 생성형 인공지능 기술은 매우 빠르게 발전한다. 어쩌면 모델 관련 일자리 자체가 송두리째 사라질 수도 있다. 하지만 아직까지는 인공지능도 결국 사람이 사용하는 것이다. 인공지능은 기존에 존재하는 데이터를 활용하여 창의성과 예술성을 표현하는 도구로 활용될 것이다.

 ·부록·

어떻게 모델이 될 수 있나요?

모델 학원이나 학교

누구나 나이, 성별, 학력, 자격 등 제한 없이 모델로 활동할 수 있다. 모델이 되고 싶은 지망생은 학원에서 자기 관리 방법, 포즈 취하는 법, 워킹 방법, 무대 연기, 패션 이론 등을 배운다. 학원에서 수강생들에게 다양한 패션 행사에 참여할 기회를 주기도 한다. 학원에서 가르치는 내용도 중요하지만, 스스로 얼마나 연습하느냐에 따라 실력이 달라진다.

모델학과에 진학하여 학교에서 공부할 수도 있다. 다만 모델 전공학과는 다른 연예, 예술 분야 학과에 비해 수가 적다. 한림연예예술고등학교에는 패션모델과가 있고, 전남예술고등학교에는 무용 연기과 안에 모델 전공이 있다. 4년제 대학으로는 동덕여자대학교, 서경대학교, 서울문화예술대학교에 모델 전공 학과가 있다. 국제대학교, 대경 대학교, 대덕대학교 등 2년제 대학 몇 군데에도 모델 관련학과가 있다. 입시에서는 실기 시험을 치른다. 무대 워킹, 포즈, 특기 등을 테스트한다. 시험 때 입는 옷과 화장은 엄격하게 제한한다. 모델 선발 대회에 입상했거나 광고 모델 활동 경력이 있는 사람은 따로 선발하기도 한다.

에이전시에 들어가서 활동

모델로 활동하려는 사람들은 우선 모델 에이전시에 들어간다. 에이전시 없이 혼자서도 활동할 수 있다. 하지만 모델 수가 많아지고 모델이 필요한 분야도 다양해지면서 주로 에이전시를 통해 모델을 구한다. 그래서 에이전시 없이 혼자서는 자기에 맞는 일을 찾기 어렵다.

에이전시는 보통 모델 학교나 학원을 같이 운영한다. 모델 일을 시작하는 신인을 체계적으로 가르친다. 에이전시에는 여러 전문가가 있다. 신체 관리, 화장, 머리 손질, 사진 촬영 등에 전문적인 도움을 준다. 에이전시는 모델이 활동할 일을 찾는다. 모델이 일을 마치면 에이전시는 모델을 고용한 측으로부터 돈을 받는다. 이 돈에서 에이전시 몫을 떼고 나머지를 모델에게 준다. 에이전시마다 잘하는 특정 분야가 있다. 패션쇼나 패션 잡지, 방송 광고나 상업 광고, 이벤트나 프로모션 등 자기와 가장 잘 맞는 에이전시에 들어가야 활동에 유리하다.

오디션 보기

에이전시에 들어갔다고 일이 저절로 생기지는 않는다. 수많은 오디션에 참석해야 한다. 오디션을 통과해야 무대에 서고 화보를 찍을 수 있다. 오디션에 나갈 때 모델들은 자신을 소개하는 명함인 컴포짓 카드를 준비한다. 자기 모습을 잘 알릴 수 있는 사진을 모아 '포트폴리오'도 만든다. 예능 분야에서는 자기를 알릴 수 있는 작품이나 사진을 모아둔 경력 소개 자료를 포트폴리오라 한다.

오디션 참가자는 선발 기준이 무엇인지, 어떤 스타일 모델을 원하는지, 다른 주의 사항이 있는지를 미리 파악해야 한다. 오디션에서 떨어지더라도 어떤 점이 부족한지를 파악해 계속 도전해야 성공할 수 있다.

모델 선발 대회 출전

모델 선발 대회에 입상하면 활동에 유리하다. 유명한 대회 입상은 큰 경력이다. 대회를 주최한 쪽에서도 대회에 입상한 모델들의 활동을 지원한다. 수많은 모델 선발 대회가 열리지만 그중에서 권위가 있는 대회는 몇 안 된다. 신중하게 대회를 골라야 한다. 우리나라에서는 SBS에서 개최하는 슈퍼모델 선발 대회가 가장 유명하다. 만 16세 이상 남녀 누구나 참가할 수 있다. 참가자는 몸 관리뿐 아니라 간단한 춤이나 노래 등 장기를 준비한다.

모델 현황

모델은 일하는 분야도 다양하고 활동도 여러 가지다. 몇 명이나 되는지 정확히 알지 못한다. 수입도 천차만별이다. 인기 모델은 큰돈을 벌지만 적은 출

2022년 SBS 슈퍼모델 선발 대회 중 한 장면

연료를 받고 이름 없는 행사에 출연하는 모델도 많다. 모델 연 평균 수입은 다른 연예인에 비해 적은 편이다. 언론에 나온 여러 기사를 보면 한 달에 40~50만 원도 채 벌지 못하는 모델도 많다. 많은 직업 모델은 스타가 되는 꿈을 꾸며 어려움을 견딘다.

* SBSFiL, "2022 슈퍼모델 TOP 3 진출자는?", 2022.09.30. video, 11:41, https://www.youtube. com/watch?v=h6XL5d7Zbgo

· 교과연계 내용 ·

과목 · 과정	초등학교
5학년 국어	함께 연극을 즐겨요
5학년 사회	옛사람의 삶과 문화 / 사회의 새로운 변화와 오늘날의 우리
5학년 실과	나의 진로
6학년 사회	우리나라의 정치 발전 / 우리나라의 경제 발전 / 세계 여러 나라의 자연과 문화

과목 · 과정	중학교
사회1	사회 변동과 사회 문제
사회2	인권과 헌법 / 헌법과 국가 기관
역사1	문명의 발생과 고대 세계의 형성 / 지역 세계의 교류와 변화 / 제국주의 침략과 국민 국가 건설 운동 / 세계 대전과 사회 변동 / 현대 세계의 전개와 과제
역사2	선사 문화와 고대 국가의 형성 / 남북국 시대의 전개 / 고려의 성립과 변천 / 조선의 성립과 발전 / 조선 사회의 변동 / 근 · 현대 사회의 전개
진로와 직업	일과 직업 세계의 이해 / 진로 탐색 / 진로 디자인과 준비

과목 · 과정	고등학교
세계사	인류의 출현과 문명의 발생 / 동아시아 지역의 역사 / 서아시아 · 인도지역의 역사 / 유럽 아메리카 지역의 역사 / 제국주의와 두 차례 세계 대전 / 현대 세계의 변화
동아시아사	동아시아 역사의 시작 / 동아시아 세계의 성립과 변화 / 동아시아의 사회 변동과 문화 교류 / 동아시아의 근대화 운동과 반제국주의 민족 운동 / 오늘날의 동아시아
사회 · 문화	문화와 일상생활 / 현대의 사회 변동
한국사	전근대 한국사의 이해 / 근대 국민 국가 수립 운동 / 일제 식민지 지배와 민족 운동의 전개 / 대한민국의 발전
진로와 직업	일과 직업 세계의 이해 / 진로 탐색 / 진로 디자인과 준비

미래를 여는 경이로운 직업의 역사

아름다움을 다루는 직업 Ⅱ | 배우 · 모델

초판 1쇄 발행 2023년 11월 13일
초판 2쇄 발행 2024년　5월 16일

지은이　　박민규
펴낸이　　박유상
펴낸곳　　빈빈책방(주)
편집　　　배혜진 · 정민주
디자인　　기민주
일러스트　김영혜

등록　　　제2021-000186호
주소　　　경기도 고양시 덕양구 중앙로 439 서정프라자 401호
전화　　　031-8073-9773
팩스　　　031-8073-9774
이메일　　binbinbooks@daum.net
페이스북　/binbinbooks
네이버 블로그 /binbinbooks
인스타그램　@binbinbooks

ISBN 979-11-90105-63-7 (44190)